礼仪的**力量**

海英老师的*33*堂礼仪课

海英 著

北京师范大学出版集团
BEIJING NORMAL UNIVERSITY PUBLISHING GROUP
北京师范大学出版社

图书在版编目（CIP）数据

礼仪的力量：海英老师的33堂礼仪课／海英著.—北京：北京师范大学出版社，2011.12（2018.5重印）

ISBN 978-7-303-13413-7

Ⅰ．①礼…　Ⅱ．①海…　Ⅲ．①礼仪－基本知识
Ⅳ．① K891.26

中国版本图书馆 CIP 数据核字（2011）第 181264 号

营 销 中 心 电 话　010-58805072 58807651
京师心悦读新浪微博　http://weibo.com/bjsfpub

LI YI DE LI LIANG

出版发行：北京师范大学出版社 www.bnup.com
　　　　　北京新街口外大街 19 号
　　　　　邮政编码：100875
印　　刷：北京强华印刷厂
经　　销：全国新华书店
开　　本：170 mm × 240 mm
印　　张：18.75
字　　数：295 千字
版　　次：2011 年 12 月第 1 版
印　　次：2018 年 5 月第 13 次印刷
定　　价：36.80 元

策划编辑：孙祥君　谢雯萍　　责任编辑：谢雯萍
美术编辑：毛　佳　　　　　　装帧设计：锋尚设计
责任校对：李　菌　　　　　　责任印制：马　洁

版权所有　侵权必究

引　言

微笑的联想

在我们身边，经常能见到一些高学历，一副学究派，面部表情永远是古板、严谨的知识界人士，还能见到一些穿着时尚、富有才华的职场人士，板着脸，面无表情地在办公室里发号施令。有的女性习惯于摆出一副百毒不侵的女强人面孔，似乎非得用一张紧绷着的脸，来显示生活、工作节奏的紧张和忙碌，让周围的人敬而远之，更别说去感受她的个人魅力了！

有时，我们也经常能看到个性鲜明的人，当他到来时，马上就会带来一种活跃、亲切的气氛，他总是恰到好处地出现，具有一种向周围扩散、吸引着每个人的超凡魅力。这样的人个性坦率、友好，有着发自内心的激情。他们懂得用微笑打开对方的心扉，消除对方的戒备。一个微笑胜过千言万语，比如，当你与他面对面交谈时，会感觉到一股亲和力，告诉你、鼓励你进一步交流下去。他们懂得与陌生人会谈时，首先要向别人伸出热情的手，因为这是尊重别人的第一展示。随着热情的握手，接着会投射一个坦然的目光，一个轻松的发自内心的微笑，暗示对方"你同我谈话，我将使你快乐"。

善于交往的人有着发自内心的微笑、一张热情的脸和与人握手的坦率态度，有关心别人、尊重别人的社交技巧。

记得一次在人民大会堂参加某酒会的礼仪活动，电梯门打开时，一位六十多岁的女士迎面向我们走来，令我心里为之一动，不自觉地总是想多看她一眼。这位女士个子不高，但姿态非常优雅。素雅的黑色旗袍，边缘用民族特色的一点"红花绿叶"作为点缀，精致而不露痕迹，装饰恰到好处、点到为止。得体的装扮，优雅的举止，还有那好听的说话声音，尤其是她那淡定、真诚的浅浅微笑，散发着一股亲切而又高贵的气息，从容而不造作，令在场的国内外男士们在仰慕的同时又有些敬畏，更令我们这些年轻女性为之动容。

一位六十多岁的女性，却能打败在场的所有年轻漂亮的女生。她是如此的光彩照人，落落大方。回想她的微笑，多年以后我才领悟到，那是一种由内而外散发的文化气质，展现的是她那丰富的见识；那是一种精致的生活状态，是一种生活的品位和格调，是一种云淡风轻的坦然心境。其实，美丽与年龄无关。

我想，只要有"会笑"的坦然态度，我们也能做得到！

这就是"微笑"的神奇魔力，可以使"百炼钢成绕指柔"，它可以使强硬者变得温柔，使困难变得容易。它能有效地缩短双方的距离，给对方留下美好的印象，从而形成融洽的交往氛围。不同的民族、不同的国家、不同的社会，对微笑的理解却是一样的。

笑，能使人头脑清醒、心胸宽阔，包容复杂的局面和人际关系。

笑也影响着情绪，人的心情好，态度也会积极乐观，因而作出的决定也会充满希望。

笑还能促进人的记忆，愉快的心理会让你更轻松地记住很多事。

在我们身边，经常有许多成天乐呵呵的人，似乎没有烦恼，令我们十分羡慕。可我们学不来这种生活态度，总觉得在生活中有许多烦人的事，哪能乐得起来呢？我在给空勤人员讲礼仪课时，也经常遇到这样的问题："面对简单重复的服务操作，真不能保证天天笑对乘客，笑可以训练吗？"我的回答是，当然可以！不过前提是，一定要有个良好的心态。

一个人通过训练，能够笑得很优美。内心如果不是真正想笑，那么这种微笑肯定感染不了人。

据说，对演员而言，最不容易的演技之一就是笑。一个演员如果缺乏真正愉快、明朗的感觉，就不容易将应有的笑容传达给观众。

对于空中服务人员的服务，在我的身边，也经常有诸如此类的评价："外形漂亮的空姐们，穿着某某航空公司得体的制服，包装得分外靓丽，可是笑得千篇一律，平板而无情，故作一副优雅状，除了简单的笑和机械的操作动作只剩下空洞。"这种机械的、习惯性的、完全是做做样子的微笑，只不过是面部神经的一种"惯性"而已。没有内容的漂亮，终将经不起时间的推敲，能让乘客满意反倒奇怪了。世界上不缺漂亮的美女，乘客只在乎他的消费是否得到了等价的服务。所以，只有真正热爱服务岗位，才会有让人感动的服务质量。

在课堂上，我常说这样一句话："心笑了，脸也会展开微笑！"正如孔子所说："仁者乐山，智者乐水"，如果自己心中无乐，再好的山水也不会使你快乐。

首先，自己要在心中培养笑的种子，心情的好坏，看上去是源自身外事，事实上是你的一种态度和控制力。我们要有一个良好的心态，这样，在工作中才能笑对每一个人。

据说，人在笑的时候，要使用13块面部肌肉，而在皱眉时，则要使用47块面部肌肉。正因为如此，谁都会觉得，一个人在笑的时候，是快乐而且自然的。整日愁眉苦脸的人却没有意识到自己忽视了一个最有魅力的特点——微笑。

当我们的面部做同样一种表情，只要重复两万次，人的面部肌肉线条就会定型，更能改变一个人的脸部容貌和美感，所以，心情是可以长久影响我们的容貌的！常有人这样评价一个人："这人看起来很和善""这人一脸的横肉""这人一脸的沧桑"等，正是如此，也就应了"相由心生"这个词了。

整天愁眉苦脸或冷若冰霜的女性，即使长得很美，也不过是一个"冷美人"而已，使人可叹而不可爱，可敬而不可亲。只有那些面带真诚微笑的女性，才更具有亲和力，才能博得人们的喜爱。

在办公室里，你的表情应该是轻松而生动的。当然夸张的神情是应该避免的，过多的夸张表情，会让你显得有些神经质，缺乏稳定性和承受力。要知道发自内心的微笑，是不用花钱的最佳化妆品。

在强大的工作压力之下，如果仍能看到常常微笑的同事们，在我们周围永远都不嫌多！

在生活中，幸福的人最大的特点就是：他们总是那么轻松、愉快，那么笑容满面。

所以，让我们用微笑的心情，翻开这本书的第一页，体验最温情的礼仪世界带给我们的无穷力量……

C 目录
CONTENTS

第四堂课：手势礼仪

第五堂课：表情礼仪

第六堂课：塑造声音的美感

第七堂课：见面礼仪

第八堂课：介绍礼仪

人的美，不仅仅是指天生的容貌，还有心理学和美学意义上的美。

人的脸就像一本书。把最美的气质写在你的脸上，让人们读你千遍也不厌倦。

Lesson 1

第一堂课

职场仪容礼仪

子曰:"质胜文则野,文胜质则史,文质彬彬,然后君子。"(《论语·雍也》)

质朴胜过了修饰就会粗野,修饰胜过了质朴就会虚浮,质朴和修饰比例恰当,即外表与内在相结合,然后才可以成为有修养的人,才显得有风度、庄重、文雅并有朝气。

人与人之间第一次见面形成的第一印象,即"首因效应"在整个交往中的作用达75%以上。所以,在社会交往中,每个人的外在的仪容仪表很重要。

当然,每个人的仪容受两方面因素影响,既有自然形成的,也有通过后天的修饰和保养形成的。

俗话说,"三分长相,七分打扮",不无道理。个人容貌是父母给予的,五官、皮肤的美感相对定型,有的天生丽质,有的存有缺陷,在现实生活中,这就需要我们懂得一些美容常识,通过保养、修饰,扬长避短,有效地弥补自身的缺陷和不足。

■ 妆容的整体要求

职场人士的外在形象,无论着高级时装或是普通服装,关键是要干净、清新。每个人每一天都应该有良好的清洁习惯,这是个人修养的体现。

■ 手部的清洁和修饰

手被称为人的"第二张名片"。如同我们的脸部一样,手是显现衰老的主要部分。

在我们的日常生活和工作中,无论是献茶、敬酒,还是握手、递名片、签字等,我们的双手始终处在醒目之处。

一双保养良好,干净、有质感的手,会给人以美感;而一双粗糙、看起来不干净的手,往往会影响到别人对你的印象:对生活不注重品质,不讲究细节!

■ 双手要保持干净

与脸相比,双手要洗得更勤一些。用餐之前、接触食物或精密仪器之前,要洗手;拿过脏东西、去过洗手间、吸烟、从外面回到家之后,要洗手。

让我们拥有一双具有质感的手,时刻保持滋润度。双手粗糙、长疮、皲裂等都应该尽力避免。无论我们的工作有多忙，都不能成为怠慢自己双手的借口。

■Ⅲ 不留长指甲

职场人士，除了一些艺术行业外，最好不要留长指甲。留着长指甲，与人握手时有碍观瞻，还会藏污纳垢；工作中，写字或触摸电脑键盘时也不便于操作。

特别提醒

服务行业的工作人员，指甲长度的标准是与指尖齐平，最长不超过2毫米。

■Ⅲ 女性指甲油的选择

一般的职场女性可以涂抹无色和单色指甲油，但不应涂过于鲜艳的颜色（除了艺术行业），更不可为了美观和时尚在指甲上涂抹彩色指甲油或艺术绘画。

指甲油忌讳残缺不全。指甲油的残缺，暗示你比较懒惰、不注重生活细节和品质。

■ 避免腋下"走光"

在夏季，职场人员最好不穿无袖外衣，以免露出腋毛。这在他人眼中是极不美观的，尤其是女性更应注意。

在某些特殊场合，比如晚宴、酒会，需要穿无袖外衣或礼服时，应注意剃除腋毛，不能使其外露。

■ 脚部的清洁和修饰

在人际交往中，人们常常有"远看头，近看脚"的习惯，虽然脚部只是一个人职业形象的一小部分，却是整体形象的一个闪光点。

具体来讲，主要应做好以下几个方面。

■Ⅲ 勤于洗脚

人在行走时，脚部运动最多，也最容易出汗，所以，如果我们每天不认真清洗脚部，就很难有清洁可言了。勤于洗脚，不仅是礼仪的需要，也是健康的需要。

■Ⅲ **勤换袜子**

为了避免脚臭，我们还应该勤换袜子，尽量做到每天一换，避免穿有异味的袜子。同时，穿着被染色和已经被污染的袜子也是不礼貌的。

■Ⅲ **勤换鞋子**

必须勤换鞋子，避免使其内部产生异味。

平时还须注意鞋子保洁的问题。在穿鞋前，务必要细心清洁好鞋面、鞋跟、鞋底等处，使其一尘不染。

■Ⅲ **身体气味**

在职场中，保持身体的气味清新、洁净，是基本的礼仪规范。这样，不至于让人敬而远之、退避三舍。

口腔要清洁，吃完工作餐后，要及时清除口腔异味、食物残渣。千万不要因为一时疏忽，牙齿上粘着菜叶就去商务接待，这样让双方都很尴尬。

如果你要经常接待客户，一定要注意以下几点。

■Ⅲ **口腔的气味**

若有口腔炎、胃炎、胃溃疡、咽喉分泌物过多、鼻窦分泌物倒流等健康问题，口腔就很容易散发出难闻的口气。

经常吸烟、喝酒，或是嗜食海鲜，吃过洋葱、大蒜、咖喱等刺激性食物之后，口腔会有特别的味道。

不好的口腔气味不仅仅说明你的个人卫生不够好，也会使你旁边的人感到不舒服。

参加社交或商务活动，不要疏忽了以下的细节。

第一，在参加重要活动之前，尽量避免吃洋葱、大蒜和韭菜等食物。如果吃了这些食物，就用一些漱口水或咀嚼一片口香糖，最便捷的是用口喷来帮助自己除去气味（最好随身携带小型装口喷）。

第二，职场人士经常喝咖啡、茶，每次喝完以后要漱漱口，保持口腔的清新。

第三，在临睡前刷牙时，把舌苔清洁一下，也可以用小汤匙轻轻刮一下，因为舌苔是细菌生长的地方，清洁舌苔可以保持健康、清新的口气。

■Ⅱ **身体的气味**

人体出汗时，鼻翼、腋下、头部等处的汗腺，都会产生某种气味。

还有体味的问题，比如腋臭，尤其是夏天，如不勤洗澡，会使体味恶化，严重时会让周围的人无法忍受。

另外，吃肉多的人，因体质多呈酸性，致使体液逐渐酸化，在汗腺发达的地方，如腋下，更容易散发出异味。

当一个人心情郁闷、精神压力大时，正常的内分泌功能受到影响，也会产生或加重体味。

腋下的异味会毁掉一个人在职场中的良好形象，在中国，绝大部分人对这种气味都很敏感，无论你多么有才能，都可能成为不受欢迎的人。

缓解腋下气味的最佳方式有：

第一，每天早上上班前，条件允许的话，最好淋浴一下。

第二，使用一些去除异味的产品，比如：香水、防腋臭香水、防出汗的香体走珠等，或者到专业医院动手术去除。

■■ 女士的妆容礼仪

在20世纪70年代的中国，绝大部分女性上班是不化妆的，因为这符合了那个年代女性审美的标准：朴实、再朴实，那才是最美的！

对于现代女性，化妆已经很普遍。很多人认为不能"以貌取人"，但是在我们身边，"以貌断人"是有的，而且从礼仪的角度，化妆是有必要的。

女性对容貌的认识和关注，不仅仅是脸上漂亮那么简单，正所谓"相由心生"，女性的心灵、内涵、才智、情感、情绪、个性等方面的特征，都会凝结在脸上。

化妆的目的，就是把自己的外在美和内在的文化修养更好地展示出来。

妆容体现的是对自己和对他人的一种尊重以及热爱生活的一种态度。

■■‖ 化妆前一定要掌握要点

中国女性皮肤色彩和脸部的五官与西方人不一样。西方女性的五官轮廓清晰突出，皮肤毛孔稍粗糙些；亚洲女性的五官和轮廓平实一些，皮肤毛孔细腻些，所以化妆也会有所区别。

■‖ 对美要有很好的鉴赏能力

化妆最难的不是技巧，而是审美眼光。如果自己没有很好的审美能力，整体妆容看起来既不美，也谈不上有品位。所以，可以经常看看时尚类杂志、妆容类节目等，提升一下对妆容的鉴赏力。

■‖ 妆容要和气质、服装相协调

化妆是需要反复训练的，技术娴熟才能使妆容达到很好的视觉效果。

脸上的妆容应该是一个人性格、气质等外在的体现。二十多岁的女生妆容和三十多岁的女性是有差异的，因为两者的气质是不同的。

同时，一个人的妆容一定要和服装的色彩相协调。

■‖ 妆容要追求精致

化妆的本意是为了美，而不是为了颜色，没有好的产品，颜色是有了，而美却没有得到保证，这就违背了化妆的初衷。

■‖ 妆容要区分场合

懂得在什么场合化什么妆，什么时间化什么妆的女性，才是最聪慧的！

现代女性的妆容最大的忌讳是：一种妆容，永远不变！

■■‖ 化妆的基础技巧

■‖ 皮肤的保养，美丽妆容的第一步

每一个年龄段的女性都应该注重对肌肤的护养，细腻、光洁、富有弹性的肌肤，给人以美好的视觉享受。

皮肤的质感，除了可以展示女性的外在美，还是女性修养、生活品质和个人性情的一份特定的说明书。

● 清洁皮肤是保养的第一步！

洁肤很重要，如果每天睡觉前没有把皮肤清洁干净，毛孔就会堵塞。出现粉刺、暗疮等大部分原因就是皮肤没有彻底清洁。

洁肤后记得用些爽肤水，别忘了，还要抹眼霜，这一步必不可少。

● 保湿很重要！

有很多女性都有这样的感受，在干燥的季节，不敢与别人近距离交谈，因为有可能在别人的眼睛里，看到的是你那干干的皮肤，毫无光泽的脸庞。

再高级、漂亮的服装，也掩饰不了暗淡的肤色。尤其是30岁以上的女性，皮肤代谢更新的周期变长，更容易干燥。

随时对肌肤进行保湿，无论工作有多么繁忙。建议在包包里，随身准备紧急补水保湿喷雾，随时补水吧！

● 防晒不可缺！

导致皮肤衰老速度比较快的第一大天敌，就是阳光中的紫外线。

紫外线可以穿透玻璃，即使室内也无法躲避，并且可以直达皮肤的真皮层，破坏胶原蛋白和弹性纤维，引起皮肤老化。建议每一位女性一年四季都用防晒霜，即便长时间在室内工作，也要采取相应的防晒护肤措施。

许多女性朋友只有在夏天或阳光强烈的时候，才会想到要防晒，而在其他季节或阴天的时候，认为没有防晒的必要。要知道，现在的环境，大气层里的臭氧层不断被破坏，紫外线带给肌肤的伤害更大。云层可以阻挡红外线，却无法阻挡紫外线。

建议出门就涂防晒霜吧！

小常识

紫外线分为UVA和UVB两种。

长波长的UVA：直接照射皮肤后反应快速而直接，会导致皮肤发炎、肌肤老化、产生皱纹、降低皮肤弹性，甚至诱发皮肤癌，会对皮肤造成伤害。UVA的强度大约是UVB的15倍。

中波长的UVB：照射到皮肤后，会导致皮肤晒黑、免疫力下降、失去光泽。

■|| 粉底霜，女性的第二层皮肤

粉底霜可以使女性的皮肤更细致，变得更年轻。

粉底霜的颜色选择，以接近颈部肤色最好！

从礼仪的角度来说，打粉底霜时，脸与脖子都要顾及到，妆底要自然、协调。如果脸上一种颜色，脖子又是另一种颜色，相信没人会对你有好感。若粉底色太白，会有"浮"的感觉。

粉底不可涂抹过厚，可用拍打的手法薄薄施上一层，注意发际与颈部要有自然的过渡，以免产生"面具"似的感觉。另外，可以在营养霜完全吸收后再上干粉，这样可以保证均匀的效果。

小贴士

油性肌肤选用无油或粉状类型的粉底霜；干性肌肤选用较滋润的粉底霜。

皮肤白皙可以选择粉色系的粉底霜；皮肤偏黄可以选择紫色系粉底霜；

皮肤偏红可以选择绿色系粉底霜。

■|| 口红，女性的魅力法宝

口红，是上班女性最常用的化妆品，因为口红可以弥补憔悴的脸色，所以，许多女性即便平时不怎么化妆，手提袋里也会有一支口红。

但不是所有的口红，涂在你的嘴唇上都是最漂亮的，因为人们的嘴唇颜色有深有浅，选择的妆色也不一样。

当然，对于许多中国女性来说，挑一支使自己看起来皮肤白一些，牙齿白一些，眼睛亮一些的口红最好。

最重要的，还是要根据你每天的整体妆色来选择口红！

不过，粉色、橙色系口红在办公室里很受欢迎，而各种暗沉的红色与紫色以及亮光口红就不太适合办公室的工作氛围。

小贴士

如果被衣柜里各种色彩的衣服和橱窗里的口红彻底弄晕了，那么我们就选择两支口红就够了：一支橘红色，一支粉红色，再把两种颜色相混合，变成中性色，便能够搭配所有的衣服。至于涂多深多浅，是个人的选择。最后可以略涂点高光色，它能使嘴唇更有立体感，也更引人注目。

■‖ 眼睛，最美的神采

● 眼线

眼线可以很容易就把眼睛加大。对亚洲女性来说，眼睛较小，眼线显得特别重要。工作的时候，有一双充满光泽和神采的眼睛，会为我们的工作提高分值！

可选用黑色、黑灰、深棕色的眼线液或眼线笔。

记住，画眼线时，要贴着睫毛根上画，两者不能有空间，否则效果是相反的。

● 睫毛膏

对于职场女性，白天工作时，用黑色睫毛膏为宜。

涂抹时，睫毛要自然、干净、清晰，不能糊成一团。最重要的一点，也是很多女性忽视的，涂完上眼睫毛，记得一定要涂下眼睫毛。否则只涂上，不涂下，睫毛就好像两只贝壳在脸上忽闪忽闪，肯定没有美感。

如果用睫毛液强调眼睛中央的睫毛，会给人一种聪慧、灵动而有修养的感觉；如果强调眼睛尾部的睫毛，则可营造深邃、有质感的眼神。

● 眼影

西方女性的眼睛是凹形状轮廓，而东方女性的眼睛刚好相反，对眼睛比较肿的亚洲女性来说，选择正确的眼影颜色和学习正确的化妆方法一样重要。

对于职场女性初学者，三色眼影（白色、浅咖色、深咖色），满足了所有化妆的需要。

■‖ 腮红，淡淡的美丽色彩

对于没有色泽的脸庞，用些腮红，可以增加脸部的色彩。

但不同的脸型，涂腮红的位置有些区别。比如：椭圆形脸，腮红应涂在颧骨最高处，再向后向上涂开。圆形脸，腮红应从颊骨一直延伸到下颚。方形脸，腮红应从眼部平行下降。

■Ⅲ 慎选眉形，改变你的神情

完美的眉形，可以使一个人的五官更具美感。

如果你的眉形还不太完美，最好的选择就是用修眉刀具修剪出比较清晰的眉形，这样显得能干而精明，让你的脸瞬间焕发出清朗的神采。

■Ⅲ 整洁的发型是妆容的中心点

"完美形象，从头开始！"

选择得体适度的发型可以表现出一个人的良好仪容。

● 头发要干净。

头发是一个人脸面之中的脸面，在办公室，成天发型乱糟糟的，几天不洗散发出油味，头屑在肩膀上随处可见，这些是最容易毁掉一个人的形象的，即使你是一位公司老总！

● 发型得体。

职场人士选择发型，从社交礼仪和审美的角度看，除个人偏好之外，最重要的是要考虑你的发质、脸型、胖瘦、年纪、着装、配饰、性格，关键是职业，对于这些，切不可掉以轻心。

发型在一定程度上与个人身高有关。以女士留长发为例，头发的长度就应与身高成正比。一位矮个的女士若长发过腰，会使自己显得个头更矮。

同时还要根据自己的脸型选择发型。请参看下列图示。

圆形脸　　　　　　　　　　长形脸

梨形脸   方形脸

发型还要与体形协调。发型的选择得当与否，会对体形的整体产生极大的影响。比如：脖颈粗短的人，适宜选择高而短的发型。脖颈细长者，宜选择齐颈搭肩、舒展或外翘的发型。体形瘦高的人，适宜留长发。体形矮胖者，适宜选择有层次的短发。

特别提醒

在职场，除行政管理人员外，女士头发不宜梳披肩发，应以盘发、束发、短发为主；男士不宜留鬓角、发帘，最好不要长于7厘米，即大致前头不触及额头，侧发不触及耳朵，后发不触及衬衫领口。

■□ 化妆色彩与服饰的搭配

化妆前，一定要想想今天穿什么颜色的衣服，因为化妆是为了搭配服饰，平衡、和谐才是最美的！

所以，每个人脸部的皮肤色调、头发颜色、黑色的眼睛之间的关系，确定了化妆品与衣服的颜色。

比如：穿橘红、黄色、咖啡色、绿色服装，应该用橘红色系的口红；

穿蓝色、粉红、水蓝、紫色、酒红、银色的衣服，应该用粉红色系的口红；

穿中性颜色的衣服，如黑、白、深蓝、深咖啡、古铜、金色、银色等，什么色系的口红都可以搭配。

穿的衣服有很多不同的红色，那么就找出最深或最耀眼的红色为主导色，然后配上相应的口红。

穿的是花色，选出占主导色调或最接近脖子和脸的颜色，然后配上相应的口红。

穿桃红色的衣服（桃红色其实一半是粉，一半是橘），那么就用粉红和橘红的混合色口红。

小贴士

什么颜色的服装最适合亚洲人

1．对比强烈的颜色。比如黑色和白色。

2．全"纯"、高浓度的颜色。

3．各种冰色，也就是各种色系中最淡、最冷的那种色调。例如：白色里加一点儿粉红，形成的冰粉红就很适合。冰灰也很适合中国人的肤色，看起来很漂亮。

4．中性深色。

（忌穿那些混合的颜色）

■‖ 漂亮的表情，永不消失的完美展示

在工作中，再漂亮的妆容，如果配上一副单调、无变化的表情，总是让周围的人觉得有些不协调。

一个完美的办公室妆容，并不会花费你太多的时间，相反，可以带给你一天的好心情，加上完美、亲切的微笑，得到的是上司、同事们的信任，似乎工作上的一切困难都难不倒你，会让你永远都那么容光焕发。

■‖ "闻香识女人"

■‖ 香水的选择

法国著名设计师夏奈尔曾说过这样一句话："香水是服饰的最后搭配。"

对于中国女性来说，与西方女性相比，应该选用一些清淡型香水，这样更适合我们身体的味道。因为西方女性体味比中国女性浓厚，使用的香水味也较为浓厚。

■Ⅱ 香水的使用

味浓型香水适合在秋季、冬季和晚上使用；清淡型香水则适合在夏季和白天使用。一般出门前半个小时喷上最好。

● 喷香水的部位。

第一选择，可以喷在双手脉搏处。香水分子随着脉搏的跳动，味道会均匀散发出来。

第二选择，可以喷在耳根后动脉处。目的是控制我们头部散发的气味。

第三选择，喷在脖子一侧的动脉处。目的是控制从我们领口散发出来的体味。

● 喷香水的方式。

第一种方式，把香水喷在上述的身体部位，不能喷得太多，当别人与你擦肩而过时，身上散发淡淡的香水味道即可。那种距离三米开外，就能闻到浓浓的香水味的用法并不可取。

第二种方式，把香水喷在你的头顶上空，让香水分子落在你的身上，这种方式可以让香水的味道均匀散发，香味持久。

■ 男士的仪容礼仪

注重仪容不是女士的专利，也是职场男士提升外在气质的手段之一。

■ 男士的头发

职场男士的头发要常剪，不宜过长。职场男士一般都会选择短发，这样显得专业、干练。如果从事艺术性工作，比如艺人、歌星、创作者，想要与众不同是可以理解的，留什么样的发型就另当别论。当然，最终要干净、整齐，这是礼

貌的表现。

头发要常洗。头发很容易产生异味，因此要保持干净、清爽。注意不能有头屑，如果在肩部位置留有头屑，无论你是什么身份，都会让你的形象大打折扣！

特别提醒

从事旅游服务行业的男士发型更有严格的要求：前发不过眉，侧发不过耳，后发不及领。这是对顾客的一种尊重。

■ 男士的唇部

因为唇部没有汗腺，很容易干裂。与他人近距离交流时，嘴唇干裂也是很不礼貌的。

男士也要保持嘴唇的滋润，整年都可以使用润唇膏防裂。选择无色、滋润型唇膏即可。只要轻抹一点，让唇部有滋润度就行。不能抹得满嘴都油乎乎的，以免弄巧成拙！

请随时在你的公文包内放一支润唇膏吧，它会在某一刻帮助到你的。

■ 男士的手和指甲

男士的双手一定要有质感。因为不像女性那么经常有护手的习惯，许多男士认为润手霜只有女士用，这是个误区。一双粗糙、干巴巴的手，与谁握手，都会给对方留下深刻的印象！

男士的手指甲一定要经常修剪，保持清洁，指甲内不能有污垢。现在有很多男士修甲，这是聪明的做法。细节体现生活品位，男性更是如此。

在我们身边，有很多职场男士也留长指甲，甚至有人专留小指甲，用来抠耳朵、挠痒痒、挖鼻子……这种行为严重影响一位男士的职场形象。

■ 男士的皮肤

由于生理原因，男士的皮肤比较粗糙、毛孔大、容易老化。男士日常活动量大，平时分泌的汗液和油脂较多，容易使灰尘、污垢聚集，堵塞毛孔，从而引起各种各样的皮肤病和出现体味过重的情况，影响美观。因此，男士更应该做美容护理。

虽说不像女士那样有着较为复杂的护肤程序，但拥有很好的、健康的肤质，也是一种生活品质的体现。所以，男士也可以用护肤品！

当然，一定要把握一个度，否则，不但没有起到提升的效果反而适得其反。

特别提醒

经常在辐射性大的环境下或户外工作的人，更要懂得加倍护肤，比如空中服务员、交通警察等，用一些面霜、防晒霜，就能使皮肤不会很快地苍老。

■ 身体

无论到了哪个年龄段，一定要使自己的身体经常运动起来！爱惜自己身体的男士，都会懂得经常锻炼，这不但使身体健康，而且充满活力的身体外形会增添个人的魅力。

同时还要注意，在工作场合，男士的腿毛不要外露。很多男士往往疏忽这一点，而这容易让女士们生厌！

■ 味道

男士打扮的最后一个步骤是他的气味。可以在刮完胡子后，用一些男用香水或须后水。

目前使用香水不仅仅是女性的专利，男士同样可以。可以选择含有淡淡烟草味道的香水，这样会提升男士们的个人魅力。

　　我们的仪表，不为取悦别人，不是虚荣的表现，是我们热爱生活与维护自尊的表达。

　　得体适宜的打扮，要点在于精致中不露痕迹。装饰一定要恰到好处、点到为止，符合自身的气质。

　　让我们做一个"不锈"的职场人士！

Lesson 2

第二堂课

职场仪表礼仪

据统计，在现代人的审美观念中，76%的人根据外表判断人，60%的人认为外表和服装反映了一个人的社会地位。所以，你每天的着装，在无声地告诉你周围的人，你的个性、收入、教养、品位、发展前途，等等。

不过，有的人无论穿什么样的名贵高档时装，总是让人觉得气质欠佳、缺乏内涵。可有的人一身简单素雅的衣服，却显得魅力十足。

虽然现在是个讲究个性的年代，每个人都有自己的一套穿衣"法则"，穿什么，怎么搭配，仁者见仁，智者见智，没有什么定式，但作为职场人士，还是得要遵循一定的礼仪规则。

■ 着装礼仪总原则

一般根据TPO（time、place、occasion，即时间、地点、场合）原则着装。即按照具体的时间、地点、场合而定。

■ 商务场合

在商务活动中要穿戴整齐，以职业装为主。在这种场合，展示的是每个人的工作专业度，着装应端庄、大方，不过于强调个性。

着装符合自身年龄和职业的性质，考虑工作环境，既实用又便于活动，同时又不失时尚，这才是最佳的职业着装。

质地：面料结实、有品位。比如用羊毛、涤纶、精梳棉等。

忌讳：暴露、性感、紧身。

■ 社交场合

社交场合主要指宴会、晚会、派对、拜访、会客、婚葬仪式等。

服装应突出个性、时尚，不要过分保守。在一些正式的社交场合，中国的民族服装也是可以的。

社交场合的着装，还要看邀请函上是否标注了服装的要求，如果有，一定按要求着装。比如参加酒会，衣服面料不能是羊毛、涤纶等厚重的织物，可以选择有垂感的丝绸、缎子、硬纱、针织物或有些小亮片点缀的小礼服。

社交场合适用的传统古典的礼服或民族服装有小礼服和民族服饰（如中国旗袍、中山装等）。

■ 休闲场合

休闲场合的着装可根据个人的爱好和自身的条件选择。以穿着舒适、美观，质地以棉、麻、毛、丝质为主的休闲装为主，适合平时上街购物、休闲聚会、运动等，并根据季节的变化而变化。

并不是所有的休闲服在休闲时都可以随意穿出去。穿着时，也得注意到它是否适合要去的环境与氛围，比如，睡衣是绝对不能穿出去的，也不能穿着睡衣接待到访的客人。

■ 女士着装礼仪

俗话说"男穿牌子，女穿样子"，女士比男士在穿着上有更多的选择和更多的变化。

■ 办公室里如何着装

■▮ 服装类型

今天上班穿什么？女士们常常被这个问题困扰。看着衣柜里各式各样的长裙、长裤、套装、风衣，却不知挑哪件合适。

身为职场女性，即使整天都在办公室里，也不一定上班就得穿硬邦邦的职业装，不妨让柔和与干练感同时出现在你的身上。款式上，如果不是下班后有特别的应酬，办公时间则应以套装或衬衫裙子的搭配为宜。

着装小建议

H型搭配：上衣宽松、裙子为简式（身体稍胖）

X型搭配：上衣宽松、裙子为喇叭形（凸显腰身）

A型搭配：上衣紧身、裙子宽松（体现上半身身材优势、掩盖下半身身材劣势）

Y型搭配：上衣宽松、裙子紧身（体现下半身身材优势、掩盖上半身身材劣势）

■III **服装色彩**

色彩上，不必过于局限在灰、黑、白之间，可以挑选稍稍鲜明的颜色，为办公室增添一抹色彩。

不过，服装的色彩虽然可以跳眼一点，但不可以把所有的颜色都往自己身上堆，打扮得像个调色板，这样反而会降低你的品位。

■III **不要过于性感**

在办公室里、商务活动中，避免穿袒胸露背、露脐露肩、薄、透等过于性感的服装。

薄纱型衣、裙、裤，因其透光性较强，穿着时应尤为慎重，需有内衬，不然会显得十分不雅。在国外，职场女性衣服"透"比"露"更难以让人接受。因为在他们看来，"透"不仅有碍观瞻，而且还说明穿戴者有不自爱之嫌。

■III **裙子长短适度，不能过短或过长**

过短的裙装，把大腿露在外面，会给你的形象大打折扣，还会影响同事们的工作。裙子过长，又会显得没有精

神。所以，最好还是按标准的职业裙装长短来分，有三种：及膝型、过膝型（不能太长）、超短型（不能短于膝盖15厘米以上）。

■II **服装面料**

不要选择劣质面料的职业服装。不起球、不起皱、不起毛，这是白领女性正式场合着装的礼仪规范。

■ **鞋、袜**

■II **鞋**

职场中，女士鞋在整体造型中虽然是点缀，但质地以皮质为佳。

搭配职业装，不能穿凉鞋、拖鞋、布鞋、系带式、皮靴等。国际礼仪规则中，要求职场女性的鞋最规范的是：不露脚趾和脚后跟、浅口、船式、半跟或高跟的皮鞋。

不过随着时代的不断发展，礼仪也在与时俱进，现在，职场女性只要是不参加正式的商务活动，在办公室里，也可以穿露脚趾的鞋，但一定是类似于"鱼嘴"款式的鞋。

如果希望你的鞋不会很快过时，那么建议鞋面上少些装饰和点缀，更不能有"叮当"响的坠饰。简洁、干净的鞋，一定不会很快过时。

至于鞋的颜色，只要和你穿的衣裙在色彩、款式上相互协调即可。不过鞋柜里，黑色鞋多准备几双，因为我们的头发是黑色的，这样上下呼应，有平衡感。

■II **袜**

穿裙子时，最好、最保险的是穿连裤丝袜，不至于走不了几步袜子就往下掉，或袜口一高一低，很不雅观。

如果穿长筒丝袜，有往下掉的感觉时，不能当众整理自己的袜子，这样有失体统，建议去洗手间整理。

丝袜颜色以肉色、黑色为宜，不要穿带有花纹图案的丝袜，且袜口不得短于裙摆边。忌穿裙装时配一双短袜，这种穿法从礼仪角度或审美角度都不规范。

袜子是女性腿部的时装，要注意不能穿着挑丝、有洞或补过的袜子外出。

如果要外出，请在你的包包里多准备一双丝袜，以备不时之需。

小贴士

穿裙装时，可不可以不穿丝袜？

正式场合要穿丝袜，平时也可以不穿丝袜，但一定要涂上趾甲油，不可以让你的脚趾头光秃秃地露在外面，作为女性这是很失礼的。

■ 怎样佩戴饰物

饰物的佩戴完全看个人的品位，佩戴得当，自己美观，同时也给其他人一种美妙的享受。对此虽然不必完全循规蹈矩，但在社会交往、工作中又不可不慎。

佩戴首饰时，以少为佳。体现的是优雅，不是数量。

原则上一定不要超过三件。

比如戴了手表、戒指、耳环，就不要再佩戴项链。有的人在正式场合，恨不得把家里所有的首饰全套在身上展示一番，那不是美，倒像卖首饰的商贩，毫无美感可言。

■ 帽子与手套

正式场合，无论室内室外，女士均可戴装饰性帽子（保暖型和运动型帽子除外），但帽檐不能过宽，以免因遮挡别人的视线而显得失礼。

与人握手寒暄时，女士戴的装饰性的薄纱手套不用脱下，保暖型的毛线手套和厚厚的皮质手套除外。

■ 戒指

在中国，上到政府官员（中国的政府官员很少戴戒指），下到普通百姓，不太习惯戴戒指。

所以很多外国友人来到中国，对第一次见面的中国朋友，不知道怎么称呼，因为看到中国朋友手上没戴戒指，或是戴好几枚戒指，被弄得糊里糊涂。

戒指的佩戴方式已经约定俗成，不能随意佩戴。

通常应戴在左手。

左手食指上戴戒指，代表无偶求爱；

戴在中指上，表示正处在恋爱之中；

戴在无名指上，表示名花有主，佩戴者已订婚或结婚；

戴在小指上，则暗示自己是位独身主义者，将终身不嫁（娶）。

在不少西方国家，未婚女性的戒指是戴在右手的中指上，修女则把戒指戴在右手无名指上，这意味着将爱献给上帝。

一般情况下，一只手上只戴一枚戒指。

如果戴两枚或两枚以上均不适宜。只有新娘例外，可把两枚戒指戴在一只手相连的两个手指上，也可戴在两只手的对应的手指上。

小知识

传说左手中指有一条脉搏直通人的心脏，戒指戴在中指上，可以被心里的鲜血浇灌，使爱情保持纯洁和忠贞不渝。结婚戒指不能用合金，必须以纯金、银制成，或是宝石钻戒，表示爱情的纯洁高贵。

■‖ **手镯、手链**

戴在右手腕上，表示"我是自由的"；

戴在左右手腕或仅戴左手腕，表示已婚。

一只手上不能同时戴两只或两只以上的手镯或手链。

在正式场合，男士一般不戴手镯，但可以戴手链。

■‖ **项链、耳环、胸针**

男女都可以戴项链，但男士戴的项链一般不能外露。

耳环的佩戴一定要根据脸型来选择。最好不要佩戴形状与自己脸型相似的耳环。

胸针，大部分是女性的饰品。穿西装时，应别在左侧领上；穿无领上衣，应别在左侧胸前；发型偏左时，胸针居右；发型偏右时，胸针居左。

别胸针的高度：应在从上往下数的第一颗和第二颗纽扣之间。

如果没有特殊情况，最好不要耳环、项链、胸针一起佩戴，这样显得过于华丽。

小建议

长脸形宜佩戴圆形胸针；

圆脸形宜佩戴长方形胸针；

方脸形也宜佩戴圆形胸针。

■‖ 领针

专用于别在西服上装左侧领上。佩戴时，一枚为限。不可同时与胸针、奖章、企业徽章一起佩戴。

■‖ 女士手提包

女士手提包分办公包、休闲包、小型礼服包和酒会包，一定要根据不同场合及服装加以选择。

如：参加酒会就不能挎一个办公包；上班时不能拿礼服包。再漂亮的包，也得分清场合，与服装协调搭配。

■‖ 丝巾装饰

① 将大方巾平铺

② 将大方巾对角对折

③ 继续对折再对折，将窄条绕过脖子在胸口交叠，整理平整即可

日常生活中，女士们多青睐选择大V领的服饰，因为大V领的服饰可以拉长颈部线条，会有"瘦脸"的效果。但是纯色的大V领往往容易给人呆板的印象，如何提升灵动和时尚感呢？我们不妨参照左边图示这样做。

还有一种丝巾系法，它不同于其他小丝巾的系法呈现出职业化的特点，显得很具有亲和力，当周围环境不是特别严肃的时候，我们不妨加一些变化，系上这款花朵结，迅速拉近我们和周边人的关系。

花朵结步骤：

将小方巾平铺 ①

将小方巾的两个对角打个死结，打结的两头各留出两寸的长度 ②

将另外两个未打结的角对穿 ③

拽进并整理出花朵形状，系在脖子上整理出花朵和叶子的形状即可 ④

⑤

男士着装礼仪（西装）

在职场，有许多男士有很好的学识，却常常不修边幅，裤子穿得皱巴巴，头发凌乱，尤其是皮鞋总穿得灰扑扑的。或反其道而行之，有的男士一天到晚又过于注重仪容仪表，每天上班就像是去参加音乐会或狂欢派对一样，让我们无法与他的职业联系起来，更没有了信任度。

职场男士着装，优先选择的还是西装。西装"七分在做，三分在穿"。

西装的选择

西服面料的选择

西服面料可以选择纯毛料或含毛70%以上的毛或丝的合成材料。化纤面料的西服看起来会显得廉价、劣质。

选购西服时不必拘泥于必须要纯毛的，或者高含毛的产品。

选购保暖性好的秋冬季西服时，可以考虑纯毛或者高含毛的厚实面料，而春夏季西服则可以考虑聚酯纤维与人造丝这样的混纺面料，轻薄时尚，维护简单，也不失为年轻人的风格。

■Ⅲ 色彩

西服首选深蓝（据研究表明，深蓝是最具信任度的色彩）、灰、深灰、黑灰色等中性色。

不适合亚洲人肤色的色彩有：棕、橄榄绿、浅咖啡，这几种颜色只能让人看起来肤色更发黄。

■Ⅲ 花纹

纯色、暗或淡而含蓄的条纹都可以。条纹越不明显越好，越是只有仔细看才能看出来的，越显示您的品位，千万别穿一件条纹明显如斑马状的西服。

■Ⅲ 西装的穿着礼仪

穿西装的程序：梳理头发→更换衬衣→更换西裤→穿皮鞋→系领带→穿着上装

要剪下商标：穿新西装之前，务必要把上衣左袖袖口上的商标、纯羊毛标志剪下来。

熨烫平整：不要随意将袖子、裤腿卷起。

扣好纽扣：穿西装时，双排扣应当全部系上；单排三粒扣则系上边的两粒衣扣，或单系中间的衣扣；单排二粒扣，讲究"扣上不扣下"只系上边的一粒扣。

站立时，西装上衣的纽扣应当扣上，以示郑重。

就座后，纽扣要解开，防止走样。

慎穿内衣：在正规场合，西装内除可以穿衬衫、背心之外，不能把高领内衣也穿在里面。万一非穿不可时，最好穿一件单色薄型的"V"领羊毛衫。

标准穿法：衬衫里面不穿棉纺或毛织的背心、内衣。衬衫必须为单一色彩。

少装东西：在西装上衣左侧的外胸口袋，可以插入一块装饰性的真丝手帕（常见的形状有"一山"型、"二山"型、"三山"型）；装饰性手帕不能用来擦汗、擦嘴、擦手等，不能当普通手帕使用。

西服左内侧口袋可以放钱夹，也可以插上钢笔。

西服右内侧口袋可以放名片夹。

西服裤兜，最恰当的做法是不放物品。它只是修饰，而且裁剪紧贴臀线设计，所以穿在身上很服帖。

西服裤腰，不能挂任何物品。比如手机盒、钥匙链等。

西装衬衫穿法

● 正装衬衫以无胸袋为佳。

● 穿西装打领带时，要扣好衬衫扣子；如果不打领带，必须解开衬衫上面的第一颗扣。

不打领带时，衬衫第一颗扣子应解开

● 穿西装时，衬衫的袖口要露出1厘米左右。过长或过短都不符合规范。

● 衬衫领口要高于西服外套1~2厘米，衬衫领口的松紧程度以能进入食指为宜。

● 衬衫下摆要均匀地掖进西裤腰内，要平展，不可皱皱巴巴。

● 不可单穿衬衫、打领带直接去参加重要的活动。

领带的打法

颜色

从色彩上讲，领带有单色、多色之分。

公务活动和隆重的社交场合，适合选用单色领带，并以蓝色、灰色、黑色、紫红色为佳。

多色领带一般不应超过3种色彩，可用于各类场合。

■Ⅲ 种类

领带有平头和箭头两种。

下端为箭头的领带，属正规场合使用；平头较为时尚、随意。

戴"一拉得"不可取，那是懒人领带。

领结是配礼服、翼领衬衫用的。

■Ⅲ 长度

领带下端的大箭头正好抵达皮带扣的上端。

■Ⅲ 领带夹

领带夹起到固定领带的作用，夹在衬衫上数第4~5颗扣子之间。

■Ⅲ 领带棒

插在衬衫衣领上。

领带大箭头过长

领带大箭头过短

■❚❚ **打法**

　　领带结要成倒三角形。要想有点变化，可在它的下面压出小窝，称为"男士的酒窝"。

半温莎结（Half-Windsor）：

四手结／单结（Four-in-hand）：

■■ 皮鞋和袜子的穿法

● 正装皮鞋，以系带牛皮鞋最佳。羊皮、猪皮、鳄鱼皮、磨砂皮都不太合适。

● 皮鞋颜色以深色、单色为佳。

● 配皮鞋穿的袜子，最好是纯棉、纯毛制品。不要穿尼龙袜和丝袜。

● 袜子以黑色、深灰色为佳。不能穿白色及彩色袜、运动袜。

■ 公文包

- 面料以牛皮、羊皮为主，尼龙、麻、革难登大雅之堂。

- 颜色以黑、棕为正统色。

- 标准式样是手提式的偏长方形的公文包。拎包、夹包、背包等不能充当公文包。

- 公文包里，资料要放整齐，不要放太多物品，以免弄得鼓鼓囊囊，像旅行包一样，显得不雅观。

■ 穿西装的原则

■ "三一律" 原则

在国外，人们在评价一位男士的服饰品位时，往往都是向"三一律"看齐。

所谓"三一律"，就是要求男士在正式场合露面时，公文包、皮带、皮鞋应当注重色彩的合理搭配，最好为同一色系。

■ "三色" 原则

男士正装色彩，最好全身上下控制在三种颜色之内，这样有助于保持正装庄重的总体风格，并使正装在色彩上显得规范与和谐。

优雅得体的仪态展现的是一个人由内而外散发的那种雅致的生活状态、良好的文化修养和对是非之间云淡风轻的坦然心境。

Lesson **3**

第三堂课

仪态礼仪

仪态多指姿态而言，通过人的举止、动作得以展现。

每个人的仪态，随时都在传递着他的情绪，反映着他的心态，同时也会给他人留下不同的印象。开心、情绪低落或是疲惫……一个人的身体的动作说明了他的一切。

很多人的仪态很优雅、很得体，那是一种有素养的体现。如果一个人成天身体姿态含胸驼背、精神委靡不振，或举止"龙飞凤舞"，给人的感觉要么没自信，要么不沉稳，再漂亮的首饰、再昂贵的衣服，也修饰不了身体姿态给人的不良的视觉感受。这些对女性重要，对男性也是如此！

站姿

不要小看站姿，有很多人因为不良的习惯，站姿缺乏美感。

站姿是人的静态造型，并且是我们其他动态造型的基础。优美的站姿能显示一个人的自信，并给他人留下美好的印象。

正确的站姿

从身体的正面看：两腿要直，腿不能弯曲，（女性）两膝要并拢，这是腿部的重点要求。上半身要立腰、挺胸、收腹、提臀；双肩展开，往下压，不可耸肩；颈部挺直，下颌微收；目光平视交流对象。双臂自然下垂于身体两侧。

从身体的侧面看，人的脊椎骨是呈自然垂直的状态，身体重心应置于两脚掌的中间。

不探脖、不含胸，后背挺直。

女士的几种优雅站姿

● "V" 字形站姿动作要领。

头抬起，面朝正前方，双眼平视，下颌微微内收，颈部挺直，双肩放松，呼吸自然，腰部直立。

脚掌分开呈 "V" 字形，成15° ~30° 角，脚跟靠拢，两膝并严，双手相握，轻轻垂放于小腹前。

适用于商务、服务行业。

● "丁"字形站姿动作要领。

一脚在前，将脚跟靠于另一脚内侧，两脚尖向外略展开，形成斜写的一个"丁"字，双手在小腹前相握，身体重心在两脚掌中间。

"V"字形站姿　　　　　　　　　　　"丁"字形站姿

 男士的站姿

双脚稍稍分开，距离与肩同宽或略窄于肩膀的距离，双手自然垂放于身体两侧（或两手相握放于腹前）。

主要适用于商务、服务行业。

无论女士、男士，面对上司、长辈、重要嘉宾或向他人介绍、问候时，都应双脚并立，身体挺直。

站姿禁忌

● 忌过于随意、懒散的站姿，如探脖、塌腰、耸肩、抖腿、频频变换双腿姿势等动作。

- 忌在正式场合双手抱胸、随意摆弄手指或双手插入口袋。
- 忌当众搔头皮、挖耳朵、抠鼻子、咬指甲。

坐姿

在中国，自古以来就对坐姿的礼节要求很高。比如"箕坐"也称"箕踞"，指伸开腿而坐，在古代则被认为是一种不合乎礼节的举动，所以《礼记·曲礼上》说"坐毋箕"。

在日常生活中，有许多人的坐姿不正确。有的人，不论男女，不论职位高低，各有各的坐姿习惯，比如有两腿分开的、跷二郎腿的、坐在座位上不停地跐脚的等，这些习惯看似小毛病，但有时会让人感到缺乏家教。

坐姿的基本要领：

上体直挺，无弯腰驼背，也不可前贴桌边后靠椅背（上体与桌、椅均应保持一拳左右的距离）。与对方交流时，上身微微前倾，以示对对方的尊重。

入座以后，（女士）两膝并拢，不可两腿分开；双脚自然垂地，不可交叉相叠伸向前，或双腿一前一后，甚至呈八字状。双手应掌心向下相叠或两手相握，放于身体的一边或膝盖之上；头、颈保持站立时的样子不变。坐着谈话时，上半身与两腿应同时转向对方，目光一定要看着对方。

总的来说，男女的坐姿大体相同，只是在两腿的摆放上存在一些差别。

■‖‖ 规范的入座

入座时，要轻而缓，走到座位前面，然后转身（或从座位的左侧）入座，然后右脚后退半步，掌握好重心，轻轻地坐下。（女士坐椅子的2/3或1/2处，男士可坐2/3或坐满整把椅子）然后将右脚收回与左脚平放。

女性穿裙装时，需用手将裙子向前拢一下，把裙子整理平展再落座。男士落座时，双手自然下垂即可。

坐下后，上身直立，头正目平，面带微笑，两手交叉相握，放在腹部或两腿上。男士两膝间的距离不得超过肩宽，女士则两膝贴紧。

坐稳后，若椅子有扶手时，双手可轻搭扶手上呈一搭一放。

■‖‖ 入座步骤图

若是无扶手的座位：女士左手放在左腿上，右手搭在左手背上，两手交叉相握，呈八字形放于腿上；男士两手可各放在相对应的腿上。

起立时，右脚向后收半步，而后站起。

离开时，右脚再向前走一步（或向左侧退出）。

步骤①

步骤②

步骤③

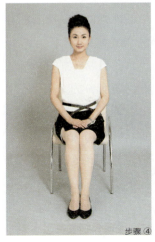
步骤④

■‖ **特殊情况下两腿摆法**

凳高适中时，两腿稍分，但不能超过肩宽（此姿势仅限男性使用）。两腿相靠，两膝贴紧（此姿势仅限女性使用）。

凳面低时，两腿并拢，自然倾斜于一方。

凳面高时，一腿略搁于另一腿上，脚尖向下。

■‖ **几种坐姿**

正脚位坐姿：两脚并拢，两膝贴紧。两手相握，平放在膝盖靠后5公分处（此姿势仅限女性使用）。

两脚稍分开，间距略窄于肩膀（此姿势仅限男性使用）。

"丁"字脚位坐姿：两脚摆放成"丁"字形（此姿势仅限女性使用）。

"S"形坐姿：上体与腿同时转向一侧，正面对向对方，形成一个优美的"S"形坐姿（此姿势仅限

女士正脚位坐姿

男士正脚位坐姿

"丁"字脚位坐姿

"S"形坐姿

叠膝式坐姿

女性使用）。

叠膝式坐姿：两腿相叠，一脚紧贴住另一只脚的外侧。脚背下压，不可把脚底朝人，双手交叉相握放于腿上（此姿势仅限女性使用）。

■川 坐姿禁忌

入座后双腿不宜叉开过大（女士不可以将双腿分开）、不宜过分伸展，不可将一条腿架在另一条大腿上，两者之间留出太大空隙，成为所谓的"二郎腿"。

将腿搁在桌椅上就更显失礼。更忌讳将双腿直挺挺地伸向前方、腿部抖动摇晃、就座以后用手抚摸小腿或脚部、将双手抱在腿上或将手夹在腿间。就座后下意识地随意抖腿，在任何时候都是不雅的。

走姿

走姿即步态、行走的姿势，它产生的是运

动美。古人说"行如风"，是要求人们走起路来像风一样轻盈。在古代，女子头戴的簪子上的坠子，又名"匀摇"，除了装饰之外，还有另一种作用，那就是衡量女子走路的步态与速度。如果走路摇摇晃晃，步伐太快，簪子上的坠子就摇晃得厉害，这种步态是不符合规范的。

如果说站姿和坐姿被称作是人体的静态造型的话，那么，走姿就是人体的动态造型。

走路，我们每个人都会，但要走出风度、走出优雅、走出美来，则要靠平时的练习与注意。

走姿动作要领：

两眼平视前方，抬头含颌梗颈；

上体正直、收腹、挺胸、立腰，身体重心落于两脚中间，不可倾斜；

迈步前进时，重心应从足中移到足的前部；

腰部以上至肩部应尽量减少动作，保持平稳；

双臂靠近身体，随步伐前后自然摆动；手指自然弯曲朝向身体。行走路线尽可能保持平直，步幅适中，两步的间距以自己的一只脚的长度为宜。

■ ‖ 一般走姿

■‖ 方向明确

在行走时，必须保持明确的行进方向，尽可能地使自己犹如在直线上行走，不突然转向，更忌讳突然大转身。

■‖ 步幅适中

就一般而言，行进时迈出的步幅与本人一只脚的长度相近。即男士每步约40厘米，女士每步约36厘米。

■‖ 速度均匀

在正常情况下，男士每分钟108~110步，女士每分钟118~120步，不突然加速或减速。

■‖ 重心放准

行进时身体向前微倾，重心落在前脚掌上。

■‖ 身体协调

走动时要以脚跟首先着地，膝盖在脚步落地时应当伸直，腰部要成为移动的轴线，双臂在身体两侧一前一后地自然摆动，摆幅30°~35°，不要左右横摆。

■‖ 体态优美

做到昂首挺胸，步伐轻松而矫健。

最重要的是，行走时两眼平视前方，挺胸收腹，直起腰背，伸直腿部。方向明确，抬头、不晃肩摇头，两臂摆动自然，两腿直而不僵，步伐从容，步态平衡，步幅适中均匀，两脚落地成两条直线。

男士协调、稳重、刚毅；女士轻松、敏捷、优雅。

■‖ 行走礼仪

■‖ 靠右侧通行

在办公区、公共场合，都要靠右侧行走。把走廊左侧让给迎面而来或有急事的人。

■‖ 男士走外侧

当男女一起走在路上，男士应该走在外侧，因为人行道外侧靠近马路，车子来来往往的地方总是比较危险的，为了显示男士的风度，履行保护女士的义务，一定要让女士走在内侧。

■‖ 不可冲撞他人

遇有急事可加快步伐，忌讳慌张奔跑、冲撞别人。

■‖ 不要从交谈者中间穿行

古训《礼记·玉藻》中说："离立者，不出中间"，意思是有二人并行立着，不要从他们中间穿过。

■‖ 不可多人并排而行

与其他同事并列行走，不可并肩同行，不可嬉戏打闹，不可闲聊。走在人行道上时，如果马路较窄，不可多人并排走，可以两人一排，靠右侧行走。

■‖ 反向而行的礼仪

与同事反向而行时，要靠右侧行走，离对方有2米处，应放慢速度，与对方打个招呼。

特别提醒

> 服务行业的工作人员在与客人交会时，应暂停行进，面带微笑躬身15°~30°，眼看下方，并致以问候"您好"，切忌边走边看边躬身。
>
> 空间小的地方，要侧身正面对着客人，让客人通过后再前行。
>
> 与客人同向而行时，尽量不超过客人；必须超过时，要先道歉后超越再道谢。

■Ⅱ **陪同客人的礼仪**

引领客人时，位于客人侧前2~3步，按客人的速度行进，不时用手势指引方向、招呼客人。

■Ⅱ **变向行走的礼仪**

● 后退

先面向对方退几步，再转身离去。通常面向他人至少后退两三步，对交往对象越尊重，后退的步子则越多。后退时步幅宜小，脚宜轻擦地面。转体时应身体先转头后转。

● 侧行

当与同向行走的人交谈时，上身应正面转向交谈对象，身体与对方保持一定距离。

与他人狭路相遇时，应两肩一前一后，胸部正面转向对方，而不可背对对方。

● 前行转身

在向前行进时，如果要转身行走。应该注意以下两种情况。

一是前行右转。以左脚掌为轴心，在左脚落地时向右转体90°，同时迈出右脚。

二是前行左转。与前行右转相反，在前行中向左转身，以右脚掌为轴心，右脚落地时，向左转体90°，同时迈出左脚。

● 后退转身

一是后退右转。先退行几步后，以左脚掌为轴心，向右转体90°，同时向右迈出右脚。

二是后退左转。先退行几步后，以右脚掌为轴心，向左转体90°，同时向左迈出左脚。

■ 行走禁忌

忌讳两脚呈内八字或外八字、弯腰弓背、摇头晃脑、两肩大幅度摇摆、扭腰摆臀、左顾右盼，更不能用脚蹭地面或将手插在裤兜里；

忌讳边走边吃、抢行或横冲直撞；

忌讳在公共场合，两人勾肩搭背，搂搂抱抱等；

忌女性行走男性化，男性行走女性化。

■ 蹲姿

■ 规范的蹲姿

下蹲时，应左脚在前，右脚靠后。

左脚完全着地，右脚脚跟提起，右膝低于左膝，右腿左侧可靠于左小腿内侧，形成左膝高右膝低姿势。

臀部向下，上身微前倾，基本上用左腿支撑身体。

采用此式时，女性应并紧双腿，男性则可适度分开。

若捡身体右侧的东西，右脚靠后；若捡身体左侧的东西，左脚靠后。

■ 其他几种蹲姿

■ 半蹲式蹲姿

多在行进之中临时采用。

身体半立半蹲，在蹲下之时，上身稍许下弯，但不宜与下肢成直角或锐角，臀部务必向下，双膝可微微弯曲，其角度可根据实际需要有所变化，但一般应为钝角。身体的重心应当被放在一条腿上，而双腿之间不宜过度地分开。

■ 半跪式蹲姿

多用于身体下蹲时间较长时采用。

下蹲以后，改用一腿单膝点地，以其脚尖着地，而令臀部坐在脚跟上；另外一条腿应当全脚着地，小腿垂直于地面；男士双膝必须同时向外，女士双腿则宜尽力靠拢。

■ 低处拾物

当需要拾捡掉落在地上的东西或取放低处物品时，最好走近物品，上体正直，单腿下蹲。这样既可轻松自如地达到目的，又能展示优美的体态。

■ 禁忌

蹲下时，速度切勿过快，应与他人保持一定的距离。

不可正面面对他人或者背部对着他人蹲下。

身着裙装的女性，要注意两膝并拢，避免"走光"。

■ 服务和交际距离操作规范

■ 引导嘉宾

■⫶ "行不中道"

《礼记·曲礼上》说："行不中道"，即不能在路的正中间行走，而应走两边，因为中间为尊者所行。"行不中道"是对尊者的尊敬。

引领嘉宾时，根据惯例，应站在嘉宾左前方1~1.5米最为适当。

在引导嘉宾时，以对方的行进速度为标准，不可过快或过慢。

■⫶ 及时关照提醒

在嘉宾不熟悉前行方向时，不应该请嘉宾先行，或让嘉宾走在外侧。

陪同引导时，经过拐角、楼梯、地面湿滑的地方，一定要提醒嘉宾留意。

■Ⅲ 采用正确的体态

陪同引导嘉宾时，注意体态要规范、优雅。

比如：请对方开始行进时，应面向对方，微微欠身。

在行进中与对方交谈或答复对方提问时，头部和上身应转向对方。

■Ⅲ 引导嘉宾上下楼梯

上楼或下楼时，上体均应保持直挺，且靠右行，勿低头看梯，双眼应平视正前方。落脚要轻，重心一般位于前脚的脚前部，以求平稳。

坚持"右上左下"的原则，以方便对面上下楼梯的其他人。

上楼梯时应请嘉宾先行（如果女嘉宾着裙装时，则引领者先行），下楼梯时引领者先行。

让嘉宾走在靠近楼梯栏杆的一侧，引领者应在靠近墙壁的一侧行走。

引领者与嘉宾的距离以相差1级阶梯为宜。

■Ⅲ 引导嘉宾进出电梯

■Ⅲ 乘无值班员的电梯

引领者"先进后出"，以便为嘉宾控制电梯。

■Ⅲ 乘有值班员的电梯

引领者应当"后进后出"。在电梯内，只要空间许可，应与嘉宾保持30厘米左右的距离。

搭乘轿车

有很多女性坐轿车时，一只脚先进入轿车，然后猫腰、撅臀，很不雅观。

女性正确的坐车动作有两种。

第一种，站到座位边，背对座位，先坐到座位上，然后双腿一起进入车里。这里最需要注意的是，女性的两膝一定要并拢。

第二种与第一种的差异是，因为有时双脚无法一起收进车里，一只脚轻挪进入，然后另一只脚迅速跟进车里。前提是两膝盖始终要并拢。

所谓千姿才有百态，"姿"是举手投足的动作展示，"态"是一种有内涵的表达。

即使再漂亮的外表，如果举止不优雅，也只是一种浅薄廉价的姿态。

最美的语言尽在举手之间。

Lesson 4

第四堂课

手势礼仪

■ 手拿物品动作要领

在办公室内，手拿物品时要拿稳妥，尽量做到轻拿轻放。避免在拿物品时手势过于夸张。

为其他人递送食品时，注意不要把手指搭在杯、碟、盘边。

■ 递接物品动作要领

■ 双手递送（或右手递送）

双手递物是最好的，如果不方便用双手，应采用右手递送。

用左手传递物品，通常被视为失礼之举。对于信仰伊斯兰教的朋友更是如此。

■ 方便接拿

在递送物品时，应为对方留出接取物品的地方。如果传递的是带有文字的物品，必须把物品的正面朝向对方，以方便对方接过后阅读。

■ 递送带尖、刃的物品

递送带尖、带刃，容易伤人的物品，不要把尖、刃直指对方，应使尖、刃朝向自己，或是朝向其他方向。

比如：

● 递送文件、名片时双手递接，文件、名片正向对方。

● 递送伞、包时注视对方，将伞、包的把手给对方。

● 递送笔、刀、剪时，笔、刀、剪的尖端

朝自己或外侧。

● 递送水杯时，一手托底，一手握把，杯把朝向客人右手；纸杯握下三分之一处，离口部稍远些。

● 递送饮料时，饮料商标朝客人，一手托底，一手握距瓶口三分之一处，放在客人右手边，退后一步，欠身轻声说："请慢用。"

引导手势动作要领

为客人或嘉宾引路指示方向时，以肘关节为轴，大小臂弯曲140°左右，手掌与地面基本上成45°，引领的手势不宜过多，动作不宜过大，但要让对方能看见。

指示方向时，上身稍向前倾，面带微笑，自己的眼睛看着目标方向，并兼顾客人是否意会到目标。

以下是常用的几种引导手势。

横摆式

横摆式

用于"请进"时的手势。

动作：手从体前向右横摆到与腰同高，眼睛看向手指的方向。

斜摆式

用于"请坐"时的手势。

动作：一只手由前抬起，再以肘关节为轴，前臂向右下，到与大腿中部齐高，上身前倾，目光兼顾客人和椅子。座位在哪里，手应指到哪里。

斜摆式

直臂式

专业引导手势，适用于给对方指引方向，如"请往前走""请您这边走"。

动作：手臂伸直与肩同高，掌心向上，与地面形成45°角，朝指示的方向，伸出前臂。

双臂式

适用于面对多人时，做"诸位请"的手势。

动作：双手从身体前，向两侧抬起，再以肘关节为轴，与胸同高，上身略微前倾。

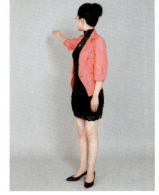

直臂式　　　　　　　　双臂式

举手致意操作规范

此动作适用于工作繁忙而无法向对方问候时，可向其举手致意。

面向对方

举手致意时，身体直立，面向对方，面带微笑。

手臂上伸

致意时手臂应自下而上向侧上方伸出，手臂既可略有弯曲，也可全部伸直。

掌心向外

致意时掌心向外，五指并拢，指尖向上。

挥手道别操作规范

身体站直，用右手或双手。手臂应向前平伸，与肩同高。注意手臂不要伸得太低或过分弯曲。

掌心朝向客人，指尖向上，否则是不礼貌的。手臂向左右两侧挥动，若使用双手时，挥动的幅度应大些，以显示热情。

目视对方，挥手道别时，直至对方在你的视线范围内消失，否则会被对方误解为他是"不速之客"。

不同手势的含义

"OK" 形手势

在中国表示数字"0"或"3"；在英美国家表示"赞同"，在法国表示"没有"或"毫无意义"；在日本代表"现金"；在地中海国家暗示一个男人是同性恋者。

"V" 形手势

在中国代表数字"2"；在英国、澳大利亚、新西兰、美国等国家代表"胜利"，此手势是丘吉尔在第二次世界大战时发明的。现在全球很多国家都喜欢用此手势，但一定要注意，掌心一定要向外，才是胜利的意思。如果掌心向内，则是一种侮辱人的意思。

跷起大拇指

在中国表示"了不起、很好"，有赞扬的意思；但在英国、新西兰、澳大利亚等国家表示搭车。

忌讳

忌用食指指人。食指只能指物，不可指人，因为食指指人具有攻击性。

忌掌心朝上，用手指或仅用食指招呼人。

　　在我们的世界里，如果看不到温暖的表情，生活就如一潭不流动的死水。

　　投以真诚的微笑，亲和的眼神，神采便会立刻飞扬起来，变得明眸顾盼，楚楚动人。

Lesson 5

第五堂课

表情礼仪

微笑

微笑的基本要求

要笑得自然

面部肌肉一定不要过于夸张，嘴角向两端略微提起，推动颧骨肌肉，牵动眼轮肌，由心到眼，充满喜悦感，面部肌肉要柔和、放松，不断调整牵动的幅度，不能机械呆板。

要笑得意向明确

不可莫名其妙地微笑，以免引起误会。

要笑得表里如一

要做到微笑与眼神相协调；微笑与精神、气质相协调；微笑与语言相协调；微笑与仪表、举止相协调。

要笑得始终如一

在社交、服务等场合，尤其是服务行业，不论在什么环境，在整个接待过程中，必须始终如一地微笑，要做到面对生人熟人一样地笑；领导在与不在一样地笑；面对内宾外宾一样地笑。

动作要领

一度微笑

即只动嘴角肌，微微上提，有淡淡的笑意。适用于无须说话的时候。

二度微笑

即嘴角肌、颧骨肌同时运动。嘴角两端提起，露出牙齿，适合与交流对象在2米左右的距离。微笑着说话，会让对方感到尊重、友好与热情。

三度微笑

即嘴角肌、颧骨肌与眼睛周围的括纹肌同时运动，推动颧骨肌肉，牵动眼轮肌。嘴角一般可露出6~8颗牙齿，热情微笑。适合与交流对象相

距3米左右的距离。迎送客人适用三度微笑。

小贴士

微笑训练

1. 诱导训练

配放愉快的音乐，发挥想象和幻想，仿佛自己在音乐中翩翩起舞。回忆美好的往事，让自己沉浸在美好的回忆中，喜悦的心情会自然引发。

2. 镜子训练

调整面部肌肉的方法：想高兴、得意之事；发"一"或"茄子"的音。

眼神

"眼睛是心灵之窗"，其实说的不是眼睛，眼睛的大小、形状代表不了什么，关键是目光，即眼神。不同的眼神表现出不同的情绪、心理活动等信息，在与他人交流时，也反映了一个人在说话时的态度。

每个人都有自己特定的目光，有的清澈、透亮，有的冰冷无光，有的亲切、善意，有的咄咄逼人。

所以每个人的目光对自己的形象起着很大的作用。有的人借以温暖人心的目光，打动了周围的人；有的人借以居高临下、冰冷的目光，让人不能靠近。

一般而言，心胸开阔、刚正不阿的人，他的眼神一定是明澈、坦荡、执著和自信的；

一个不求上进、无能为力、自暴自弃的人，其眼神一定是呆滞、昏暗、胆怯的；

一个轻浮、浅薄、成天算计的人，眼神一定是飘忽不定、狡黠、躲闪的。

所以，在人际交往中，一个人的眼神很重要。当我们与人交流时，首先从看着对方的眼睛开始，但注意方式也很重要。

注视区域

严肃注视区域

指以双眼为底线，额中为顶点所构成的三角区域。

看着对方的严肃注视区域，就会显得严肃、庄重，不含任何感情色彩。适用于商务谈判、贸易洽谈等。

如果你在商务谈判上，看着对方的严肃注视区域，就会显得严肃、认真，对方也会感到你很有诚意。

社交注视区域

指注视对方的双眼至上嘴唇的三角区域。

它传递的是一种友好、尊重、亲切、温和和自信，会给人一种平等、轻松的感觉。

适用于各种社交场合，比如：各种酒会、舞会、宴请等，或是同事之间、上下级之间、朋友之间的交谈。

但在注视对方这个三角区域时，不要聚集于一处，以散点柔视为宜。

亲密注视区域

指下嘴唇到胸部的三角区域。

这种注视区域带有亲昵、爱恋的感情色彩。

适用于亲人之间、恋人之间、家庭成员之间。

对于初次相识的人，或与自己关系一般的异性，更要注意这一点，不可超过这个空间。

注视时间

按注视礼仪要求，与人交谈或谈判时，视线接触对方面部的时间占全部谈话时间的30%~60%，这也叫"社交注视"。

对关系不熟或关系一般的人，不能长时间注视，否则就是一种失礼行为，这也是全世界范围内通行的礼仪。

若眼神直视对方的时间超过整个交谈时间的60%，也属失礼的表现。

注视礼仪

眼神是情绪的一种动态的展示。瞳孔的放大与缩小，真实地反映了每个人多变的心理。

对感兴趣的事物，瞳孔放大，眼神就会有光泽；对不感兴趣的事物，瞳孔就会缩小，眼神就会随之黯淡无光。如果你仔细观察身边善于和人交往的人或是优秀的节目主持人，他们在与别人交流的时候，非常善于运用丰富和生动的眼神与对方互动和沟通，充分调动起交流对象的情绪，然后会收获最佳的效果。

在不同的场合，面对不同的交流对象时，眼神是不同的。如果你用看情人的眼神去看同事或朋友，那肯定是不恰当的。

在与别人交流时，一定要先看着对方的眼睛。在中国，因为文化风俗的差异，人们不太习惯在交流时，长时间看对方的眼睛，总是要礼貌地回避一下。但外国朋友，比如：在法国、意大利、美国、加拿大等欧美国家，人们在目光交流时喜欢直接对视，表示真诚和对你的关注；亚洲、非洲部分地区的人们，交流时习惯回避对视。

当与人交流时，在说话之前，用眼睛先注视着对方的脸1秒钟，眼神要自然、亲切，给对方一个尊重的礼遇，然后展示你的专有笑容，这样会给对方留下深刻的印象。

与人交谈不正视对方，有可能会让人感到你很紧张，或是轻视对方，这种眼神很难让对方信任你。

如果对方说错话了，我们应该避免正视对方，把目光挪开，否则会有嘲笑对方之嫌。

当与许多人交谈时，我们不要只注视你自己喜欢或熟悉的人，一定要把目光照顾到其他人的脸上。

与某人握手时，我们要看着对方的眼睛；与某人道别时，一定要看着对方的眼睛。

面对陌生人时，不可上下打量对方，也不能长时间不看对方，更不可长时间盯着对方的脸看。

小贴士

如何拥有灵动而有神韵的眼神

训练动作：盯视你面前的某一个点，瞪大眼睛目光聚焦，努力看清楚它，大概维持5秒钟左右；然后慢慢放松眼睛，用散点柔视的目光看前面，时间维持5秒钟左右；接着目光从左侧环视到右侧，平视盯住右侧的物体的一个点，努力看清楚；再从右侧环视到左侧，方法相同。

辅助：饮食方面多吃富含维生素A的食物，如豆制品、鱼、牛奶、青菜、大白菜、空心菜、西红柿、新鲜水果等，它们会增添水润度和神采。

■ 注视心理环境

据研究，在人的视觉、听觉、味觉、嗅觉和触觉的感受中，视觉感受的信息占到83％。没有视觉的交流，使人无法准确地感知和判断，给交流带来一定的困难，交流过程中，也不是只用一种眼神交流到底。

在服务行业中，眼神的交流更不可忽视。当我们乘飞机的时候，都会有这样的感受，各家航空公司的服务质量呈现给乘客的感觉是不一样的。很简单的一个细节，从乘务人员的眼神，就能知道这家航空公司的服务质量如何。比如，国内某航空公司的乘务员，在服务过程中，给乘客的感觉就是没有感情，从他们高傲的、似乎高人一等的眼神中，你体会不到什么是真正的服务质量。在他们的眼睛里看不到真，看不到善，更看不到美，有的只是机械化的假笑，努力掩盖着厌烦与不屑，留给乘客的只是那身制服的耀眼。

服务不是走秀，端拿递送，迎来送往，原本就是这项工作的基本内容。忽视了眼神交流，丢掉的是你的用心与诚意。

眼神交流要注意对方的心理感觉，这不是佯装假笑就能收获对方好感的。如果与他人交流时，我们用毫无感情的眼神，直勾勾地盯着对方的脸，目光上下左右打量对方，这只会让对方透不过气来。

在交流时，一定要注意对方的心理距离。一般来说，如果两个人在室内面对面交谈，目光距离在1～2米之内是最恰当的。

不过也有一些细节需要注意。经常出现这样一种情况，比如，与不太熟悉的朋友交流时，会遇到与对方目光对视的情况，有些朋友不知道如何处理这种眼神交流，是迅速移开一会好，还是久久地注视下去好呢？其实很好办，此时你的目光不必躲闪，泰然自若地慢慢从对方的眼睛移开到社交注视区域的其他部位即可。

　　很多人懂得打扮自己，懂得博览群书，懂得与人交往，就是不懂得修饰自己的声音。

　　在人际交往中，一个人的情感表达包括：声音（38%）、语言（7%）、肢体语言（55%）。

　　甜美明朗或浑厚磁性的声音，如同给你的交际插上一对美丽的翅膀，令你增添无限魅力。

Lesson 6

第六堂课

塑造声音的美感

　　在日常生活中，很多人甚至有很多培训专家，懂得打扮自己，懂得修饰自己的姿态，懂得如何注意自己的社交礼节，懂得如何与人交往，就是不懂得修饰自己的声音。

　　在我们身边也有很多漂亮得让你窒息的美女，有包装好看的仪表，但一开口说话，传到别人耳朵里的是扭曲、刺耳、矫揉造作、发嗲的说话声，美感全无！如果一位女性的外表、举止都很美，要是再加上一份柔美的声音，那就等于在社会交往和商务活动中，添了一对翅膀，会更加充满感染力！

　　所以，我们应该充分运用"声音形象"。运用得好，可以改变你的生活和事业；运用得不好或不注意自己的"声音形象"，则会带来负面影响。

　　不管你原来的嗓音是什么样的，好不好听，通过练习都能使它散发魅力，甚至还能体现你的能力和个性。

　　所以，受过训练的声音和没有受过训练的声音，是有很大不同的。据说，所有的美国总统都曾受过声音训练。接受声音训练很重要，这对我们将来在职场、社交都会有很大的帮助。

■ 了解你自己的声音

　　了解一下你的声音，看是否有以下的不足之处，从心理角度来分析，看看它会给对方留下什么不好的印象。比如：

　　说话声音太细，会给人一种柔弱、不自信的感觉。

　　说话的声音过尖，会给人一种比较神经质，心胸狭窄的感觉。

　　说话的语速过快，容易让人感觉说话者比较自我、急躁、思想偏激，情绪容易冲动，甚至缺乏合作精神。

　　说话的语速过慢，容易给人做事犹豫，不果断，没有魄力的感觉。

　　说话的语音含糊，给人感觉做事目标不明确，做事没有条理性，缺乏原则性。

　　说话的腔调造作，容易显得轻浮、功利，缺乏内涵和自信。

　　所以，了解自己的声音，对它进行修饰，如同修饰我们的仪容一样重要。

发出好听的声音

音调要有高低变化

有人习惯讲话保持在同一个音调上，时间长了，就会使听的人注意力不集中，打不起精神，调动不了继续交流的积极性。

声音要清晰

不要有太多的尾音，每个音节之间要有恰当的停顿。

说话咬字要准确清晰。在我们身边，经常有人说话音量太小，含糊不清，让人听不清楚。

一般来讲，要根据听者的远近，适当控制自己的音量，最好控制在对方听得见的限度内。

语速适中

有的人说话语速特别快，听了半天，没听清楚他在讲什么，让人一头雾水。有的人说话过慢，就像催眠曲，让听者感到很累，提不起精神来。

有的人说话声音又尖又细，令听者头昏脑涨，很难受，这样就达不到讲话要表达的目的，再精彩的内容也不会引人注意，也不利于交往。

有的人说话的声音好听，是先天的，但是也离不开后天的培养。如果有一口好听的声音，更能吸引人们的注意力，更能博得信任和尊敬。

控制音色

在社交场合，我们的音色应该明亮、柔和，充满热情，说话声情并茂，展示自己的独特个性。

在商务场合，我们的音色要圆润、明朗、有弹性，同时应刚柔运用自如，善于表达。

忌讳无力、没有弹性、沙哑、沉闷的声音。

■ 正确的发音

要想拥有好听的声音，首先应该学会正确发音。

■ 发音的器官

发音部位来自于你的胸腔、喉咙、头部产生的共振。位于喉腔中部的声带是发声器官的主要组成部分。

小贴士

如果话说得太久，在声带疲劳的情况下，千万不要马上喝冰水，这样会使声带变得更紧，更不会得到舒缓。

■ 控制气息

控制气息可以通过呼气与吸气来练习。吸气时就像闻鲜花的香气一样。呼气时就像吹灰尘那样。用简单的方法来练习，慢慢使自己的气息有很好的控制力。

■ 力度适当

在任何时候说话，不要用力过度，要用柔和的气息发声。用气过猛或用力过大，都容易损坏声带，所以，说话不要大声喊。声音当大则大，当小则小，当平则平。但是大，不可大到声嘶力竭的程度；小，不可小到别人没法听到的地步。

■ 音调尽量低一些

据研究发现，不论男女，音调低一些，会起到好的沟通效果。

■ 塑造出和谐、有礼的声音氛围

说话发出好听的声音，会提升一个人的魅力分值。懂得包装声音、懂得发音的方法，但不会把美妙的声音传递给周围的人，反而成为一种声音"污染"，那再好的声音也不会创造出魅力来。

在国外，几乎到处都能听到中国人说话的声音，这是值得高兴的事情。但很遗憾，外国朋友总会说："中国人很热情，就是说话声音太大，不注意场合。比如去博物馆参观，大老远就能听到说话的声音，那一定是中国人来了。"外国朋友可能说得有些片面，但也不可否认。

中国人爱热闹，遇到喜庆的事情爱大声表达，而西方人会认为在公共场合大声说话，是一种对他人的干扰。

在国内的公共场合，如地铁车厢、公交车里，到处都可以感受到，在你的旁边，总会有人毫无顾忌地大声交流，说着各自的家长里短等，强迫你的耳朵接受原本不愿听的声音。或者接打电话时，声音大得整节车厢里的乘客都能听到。其实这已经影响到了其他乘客。

所以，在公共场合里，我们应尽量调节好音量，要照顾到其他人的情绪。说话声音大就好比有很多人习惯随地吐痰一样，得慢慢改变，公共场合毕竟不是自己的家里。

特别提醒

在职场和生活中，我们要注意从你身边的朋友、同事、领导的言谈方式中，去了解、观察对方的心理。

比如，平日里能言善辩的人，今天却突然结结巴巴或有气无力地说不出话来；平日里讲话有板有眼，稍显木讷，说话经常不得要领的人，却突然滔滔不绝地高谈阔论……遇到这种情况，我们要学会留意一下，有可能发生了什么问题。这时，要运用合理的说话方式去应酬，避免"撞到刀口上"，话不投机，避免无意间用不合适的话冲撞冒犯了对方。

所以，说话前应察言观色，然后才能准确应酬。

与人见面，首先向别人伸出友谊之手，因为这是尊重对方的表现。随着一个热情的握手，或是一个恰当的拥抱，伴以坦然的目光和发自内心的微笑，有效的社交活动由此开始。

Lesson 7

第七堂课

见面礼仪

在各种社交场合或商务场合，人们彼此之间的你来我往，仍是以礼为基础，因此有了行礼的需要。在不同的场合、不同的情形下，对不同的人有不同的行礼方式。

致意礼

使用范围

致意礼在社交场合使用。和不相识的人碰面了，为了表示友好，可以向对方微笑、点头致意。

在同一个场合，多次与朋友、平辈相遇，双方又没有必要停下来深入交流，不必每次都握手或行鞠躬礼，向对方微笑、点头致意即可。

当遇到身份高的领导时也可以使用，当碰到领导时，向对方恭敬地点头、致意，表示尊敬。对方不与你握手，不能主动上前去握手。

长辈、上司对于晚辈、下属的敬礼，可以用点头致意礼来还礼。

在日本，人们使用的致意礼，常常会加上立正、深度的点头。而欧美人士则不习惯这种立正致意礼。

致意礼的方式

微笑致意

适用于与人见面时，注视对方，轻轻一笑即可。同时伴随寒暄语，如"您好""早上好"，等等。

举手致意

适用于与距离较远的人打招呼。举起右手，指尖朝上，掌心朝向对方，微笑地注视对方，略略点头，手掌轻轻地摆一下。

点头致意

注视对方，面带微笑，轻轻地向对方点一下头即可。

欠身致意

身体面向对方，恭敬地微微欠一下身体。适用于对长辈、领导等，也适用于演讲的场合。

脱帽致意

当我们头戴帽子，与对方距离较远时，可以用一只手脱下帽子，放在与肩平行的位置，注视对方，微微点头。

特别提醒

脱帽致意，对帽子有要求。帽子有檐，以脱帽致意比较合适。戴的帽子若没有帽檐，则不必脱帽，只需微微点头即可。

握手礼

握手礼的起源

握手礼起源于远古时代，那时人们主要以打猎为生，手中持有棍棒或石块作为防卫。陌生人相见，若没有恶意，双方都放下手中的石块，摊开双手，互摸对方的手掌心，以示手中没有武器，表示友好，久而久之就演变成了握手礼节。

动作要领

伸出右手，虎口朝上，
四指并拢，掌心向内，
与腰齐平，微微欠身，
注视对方，面带微笑，
深情一握，上下轻摇。

握手顺序

双方握手，谁先伸手是有一定的先后顺序讲究的。在日常生活和工作中，我们的身边有很多修养、学识都不错的人士，却经常在一个小小的握手礼上出错，不可忽视这些细节啊！

伸手顺序总原则：位尊者先伸手

■‖‖ **商务场合**

判断"位尊者"的顺序为：职位—主宾—年龄—性别—婚否。

- 上下级关系中，上级应先伸手，下级才能握手。
- 主宾关系中，主人宜先伸手，客人才能握手。
- 根据年龄判断时，年长者应主动伸手，年轻人才能握手。
- 根据性别判断时，女性宜主动伸手，男士才能握手。
- 根据婚姻情况作出判断时，已婚者应主动伸手，未婚者才能握手。

■‖‖ **社交场合**

判断"位尊者"的顺序为：性别—主宾—年龄—婚否—职位。

当然，关系密切的朋友之间，没有顺序的讲究。谁先伸手表示更加热情的期待和诚意。

当有客人来访，在送别客人时，如果双方要以握手相别，主人也应该等客人先伸手，避免由主人先伸手而产生逐客之嫌。

■‖‖ **握手的礼节**

■‖‖ **握手的细节**

无论双方的职位或年龄相差有多大，都必须起身站直后再握手。忌讳坐着握手，这是不合乎礼仪的。

（年轻人对长辈，下属对上司）握手时上身应自然前倾，行15°欠身礼。手臂抬起的高度应适中。

握手必须使用右手，这是国际上普遍适用的原则。

握手时伸出的手掌应垂直于地面，忌讳手心向下或向上，这都是不合适的动作。握手时，双方应掌心相握，这样才是真诚、友好的体现。

异性握手时，男士轻握女士的四指即可（如左图）。对初次见面的女士，紧握对方的手掌心。

同性之间握手，可以轻握对方的手掌心。

■Ⅱ▎ 握手的时间

握手的时间不宜过长或过短，两手交握3~4秒，上下晃动最多2次是较为合适的。

一触即把手收回，有失大方；相反，握着他人的手久久不放更会引起对方的尴尬。

■Ⅱ▎ 握手的力度

握手的力度能够反映出人的性格。太大的力度显得鲁莽有余、稳重不足；力度太小又显得有气无力、缺乏生机。

正确的握手力度：让对方感觉到有力而没有疼痛感即可。所以，握手时稍加用力即可。

■Ⅱ▎ 眼神

在握手的过程中，假如你的眼神游离不定，对方会对你的心理稳定性产生怀疑，甚至认为你不够尊重对方，有失礼节。

■Ⅱ▎ 微笑

握手的同时给对方一个真诚的微笑，会使气氛更加融洽，使握手礼更加圆满。

▎ 握手的禁忌

忌交叉握手（在西方视为"十"字架，视为不敬）。

忌漫不经心握手（不能边握手，边做其他事情，目光一定要专注对方）。

忌握手时掌心朝上

忌左手相握（与宗教信仰有关，若用左手与对方握手，是对对方极大的不敬）。

忌握手时间太长（初次见面，控制在3~4秒）。

忌"双手"式握手（尤其是异性之间不要用双手）。

忌"死鱼"式握手（伸出去的手没有任何力度，没有感情，直接放在对方手上）。

忌强行与对方握手（不可强迫对方与你握手）。

忌戴手套握手（女士可戴薄纱装饰性手套握手）。

忌在手不干净时握手（双手一定要干净。若一时无法清洗，一定要说明原因，告诉对方不能与之相握的原因）。

异性相握，忌男士先伸手

忌握手后立即用纸巾或手帕擦手。

▋ 鞠躬礼

鞠躬礼起源于中国，在先秦时代，两人见面时弯曲身体，表示谦逊恭敬的姿态。在今天鞠躬已成为一种交际的礼仪。

鞠躬礼的含义是：降低自己的身高，以示对他人的尊敬和敬佩的一种很正式的行礼方式。

它通常是晚辈对长辈、下级对上级，以及同级之间的见面礼节，在当代交际中为中国、日本、韩国等普遍采用。

在日本，鞠躬礼是与人见面时常用的礼节。双臂应下垂，手放膝前，距受礼者两三步之远，面对受礼者呈立正姿势，面带微笑。目视前方并根据施礼对象和场合决定鞠躬的度数。

一般来说，迎宾为15°，送客或表示恳切之意为30°，表示感谢为60°，90°鞠躬常用于悔过、谢罪等特殊情况。

在中国，现在鞠躬礼大多用于举行婚礼，悼念活动，接待外宾，演员谢幕，以及领奖、演讲时。在问候"您好""早上好""欢迎光临"，以及遇到领导、同事、长辈时都可行鞠躬礼。中国的鞠躬礼具体礼节有以下几点。

▋ 动作要领

鞠躬前，要挺胸、抬头、收腹，面带微笑。女式的双手相握放于腹前，男士两手垂放于身体两侧。

鞠躬时，先看着对方的眼睛，以胯为轴，上半身向前倾，视线随着身体的移动而移动。腰部下弯，头、颈、背成一条直线，最后目光落在对方的脚面。行礼时忌讳看自己的脚或低垂头部。

抬起时，起身的速度要比下弯时稍慢一些。恢复站姿后，目光再一次注视对方，以体现对对方的尊重。

■┃ **要求**

15° 鞠躬礼表示点头致意。用于问候、介绍、握手、递物、让座、让路、引导等。

30° 鞠躬礼表示向对方敬礼。适用于对重要领导、客人、长辈等迎送问候。

45° 鞠躬礼表示向对方深度敬礼。用于致歉或表示深深的感谢。

■┃ 拥抱礼

拥抱礼是欧美各国的熟人、朋友之间表示亲密感情的一种礼节，也是各国领导人在外交场合中的见面礼节。

它和亲吻一样也是通过身体的某一部分的接触来表示尊敬和亲热。拥抱可以理解为缩短了距离的握手，或是胸部的"亲吻"。

动作要领：

施礼时，两人相距20厘米，相对而立，右臂偏上，左臂偏下，右手扶在对方的左后肩，左手环扶在对方的右后腰，彼此将胸部各向左倾，并且要紧紧拥抱，头部相贴。

根据不同的场合，拥抱礼分为热情拥抱（左—右—左）和礼节性拥抱（轻轻在左侧搂一搂）。

在俄罗斯，男性之间见面喜欢紧紧拥抱，称为"熊抱"。

北美、欧洲的朋友及东方人，更喜欢温和地拥抱，伴随脸贴脸式的亲吻。

■┃ 亲吻礼

多见于西方，在东欧、阿拉伯国家，亲吻礼是人们表达爱情、友情、尊敬或爱护的一种见面礼。

亲吻礼有以下几种。

■■ⅢⅠ **吻面颊**

多用于长辈同晚辈之间。

行礼时，长辈亲吻晚辈脸的一侧或两侧，晚辈可用双手搂抱长辈的颈部，或双手下垂亲吻长辈的额头。

关系亲近的女士和至亲好友之间也可吻面颊。

在遇喜事或悲伤时，一般也行亲吻礼，以示真诚的慰问。

■■ⅢⅠ **吻手**

流行于欧美上层社会的一种礼节，起源于中世纪的欧洲。

在社交场合中，男士对尊贵的女士表示尊敬时，可亲吻女士的手背或手指。

在行此礼时，男士应走到女士面前，立正垂首致意。女士若将右臂微微抬起，则暗示男士可行吻手礼，这时，男士用右手或双手轻轻拉住女士指尖前端，并俯身弯腰，使自己的嘴唇象征性地去触及女士的手背或手指。

吻时一定要稳重、自然、利索，不发出声音，不留痕迹，吻后抬头与对方微笑相视，再把手放下。

如果女士不将右臂抬起，则不行此礼。

行吻手礼时，若女士身份地位较高，男士要屈一膝作半跪式，再行此礼。

■■ⅢⅠ **吻唇**

一般而言，仅限夫妻、恋人或情人之间。

■■ⅢⅠ **贴面**

在异性、同性之间，也可采用贴面颊的礼节。

行礼时两人同时将面颊相贴，顺序为先右后左。

▌▌拱手礼

《说文》徐铉注："两手大指相柱也。"

拱手，也称捧手，双手合抱举胸前，立而不俯，表示恭敬。

合抱时，一般左手在外，右手在内；如遇凶丧，则右手在外，左手在内。

动作要领：右手握拳，左手在外。双手举至胸前，面带微笑，向行礼对象前后拱手。

■ 合十礼

合十礼又称合掌礼，是信仰佛教的专用礼节，普遍流行于东南亚、南亚等国家。

动作要领：

双手合十于胸部正前方，五指并拢，指尖向上，手掌上端与鼻尖持平，双腿直立，上身微微欠身，低头，口颂祝词或慰问对方。

在向别人行礼时，自己合的双手举得越高，越能体现对对方的尊敬。但是不能高过头顶，因为只有行佛礼时，才将合十的双手举过头顶。

■ 抚胸礼

所谓抚胸，指用手抚按于胸前，向他人表示恭敬之意。

在亚洲国家和欧美国家会经常用到这种礼节。比如升国旗、奏国歌时，我们经常行抚胸礼。

动作要领：

眼睛一定要注视对方或看正前方，头正，态度庄重，右手掌心向内、指尖朝向左上方，轻轻地抚按在左胸上，以示恭敬。

有的国家，先行抚胸礼再与别人握手；还有的国家，抚胸礼与鞠躬礼同时使用。

小贴士

见面礼的运用一定要注意东西方文化的差异

东方人不喜欢身体接触，所以有很多国家都习惯碰自己的身体来展示礼貌的动作，以示对对方的尊重，如中国人一见面喜欢鞠躬，或握自己的手，行合十礼、拱手礼等。

西方人见面时，喜欢双方有个恰当的身体接触，以示对对方的尊重，如握手、拥抱、亲吻礼等。

介绍，是社交和接待活动中普遍的礼节。它就如一条纽带，能缩短两个互不相识的人之间的距离。结交新的朋友，获得新的友谊，开始新的事业。

Lesson 8

第八堂课

介绍礼仪

介绍，是人与人之间互相认识的开端，更是一个交流的开端，是贯穿所有商务活动的基本礼仪规范。

你和同事在一起时，恰好遇到他的一位朋友，他们立刻热情地招呼、交谈。同事把朋友介绍给你认识，你们之间需要有一个简单的介绍礼节，目的是使交谈更加融洽。介绍看似简单，但这是商务活动中很重要的环节。

介绍分为自我介绍和为他人介绍，还有集体介绍。

■ 自我介绍

有些场合需要进行自我介绍，如当你参加某个活动或会议，组织者由于疏忽忘记把你介绍给大家，或者曾经打过交道的人明显认不出你时，不要一言不发，可以从容地进行自我介绍，为相互交流做个开端。

向他人介绍自己时，应表现出良好的风度。保持微笑，态度诚恳、自然、大方，才会使人感到亲和，才可能使对方产生和你更进一步交往的愿望。

■ 自我介绍的方式

■ 简洁式

内容包括：自己的姓名，例如：

"您好，我叫××，很高兴认识您！"

适用于一般社交场合，比如在宴会上、旅途中、聚会时等，你与对方属于一般性接触。

■ 工作式

内容包括：姓名＋工作单位＋职务（若没有职务，可介绍从事的具体工作），例如：

"您好，我叫××，是××公司营销部经理！"

"您好，我叫×××，现在在××大学中文系教古汉语！"

适用于商务工作的介绍。因工作而交友。

■ 沟通式

内容包括：姓名＋籍贯（或学历）＋兴趣（或介绍一下与交流对象的某位

熟人的关系)。例如：

"你好！我叫××，湖南长沙人。毕业于××大学，中文系08级的，我和你的姐姐是高中同学。"

"你好！我叫××，听说你爱好摄影，我也很喜欢!"

适用于希望对方认识自己、了解自己，与对方进一步交流与沟通的场合。

■|| 礼仪式

内容包括：姓名＋单位＋职务＋敬语。例如：

"大家好，我叫×××，是××大学礼仪老师，很高兴大家来参加这次××银行窗口服务礼仪的讲座！"

适用于：演出、报告、讲座等。

■|| 问答式

内容包括：问什么答什么。例如：

问："您好！请问我该如何称呼您？"

答："你好！我叫×××。"

或主考官问："能否简单介绍一下你的基本情况？"

答："各位好！我叫××。来自广东，现年27岁。毕业于××大学××专业，获××硕士学位。毕业后，在××公司工作了2年，担任市场开发部经理。"

适用于：应聘或公务往来。

■ 自我介绍的礼仪

■|| 自我介绍要掌握好时机

适当的时机应该是：对方正空闲的时候、对方情绪好的时候、对方有兴趣的时候、对方主动要求的时候。

不恰当的时机：对方正在忙、心情不好、用餐或与他人正在交流时。

■|| 介绍时力求简洁，尽可能在半分钟内完成

有的人介绍自己时东拉西扯、信口开河，夸夸其谈，这对自己是一种失态，对别人而言是一种失敬。为了节约时间，我们也可以在介绍自己的时候，附上一张自己的名片。

■|| 自我介绍应自信、大方

向他人介绍自己的时候，应该保持微笑，先向对方点头致意，得到对方的回应后，再向对方介绍自己的姓名。

表情要亲切，态度诚恳、自然、大方，表现出良好的风度，使人感到你有亲和力，对方才会产生进一步与你交往的愿望。

面对交流对象，不要扭扭捏捏，也不要轻浮夸张，把自己"包装"得不符事实是不可取的。介绍时语音清晰、语速适中即可。

步骤①

步骤②

■| 他人介绍

他人介绍是指由第三方为彼此不相识的两个人引见而介绍的一种礼节。

■|| 为他人介绍的顺序

按照国际惯例，介绍时"尊者有优先知情权"。即被介绍的双方中，位置较高、更受尊重的人，首先应该知道对方的情况。

根据这项礼仪原则，介绍者一定要了解一下介绍的顺序：

- 把职位低的人介绍给职务高的人。
- 把晚辈介绍给长辈。
- 把年轻人介绍给年长者。
- 把男士介绍给女士。
- 把未婚女性介绍给已婚女性。

介绍时，应该先叫尊者的姓名，介绍语可以为："××董事长，请允许我为您介绍，这位是××"。

在口头表达时，先称呼职位高者、长辈、女士、主人、已婚者、先到场者，如："张总，您

好！请允许我向您介绍一下××"，再将被介绍
者介绍出来，然后再介绍先称呼的一方，这种顺
序的共同特点是"尊者居后"，让尊者优先了解
被介绍者的情况。

步骤③

介绍技巧

介绍人的姿态

居中的介绍人，为双方做介绍时，首先应该
向双方打个招呼，使双方有个思想准备。介绍人
在介绍时，身体要直立站好，面带微笑，与被介
绍双方呈一个三角形站立。

介绍人的手势可以运用"横摆式"引导手势：一只手臂抬起，掌心向上倾斜，
五指并拢，指向被介绍人。但是忌讳用食指指人或用手拍被介绍者的肩膀。无论
是谁，对方的身份、职位有多低，都要一视同仁，这是对对方人格的一种尊重。

介绍人要为双方提供必要的信息

对刚刚认识的人来讲，介绍者清楚地说出被介绍方的姓名、公司名称及职
务，如果再对其个人的情况作一句简单而积极的评价，更有助于双方的了解，使
交流更为顺利。但不可过于夸张对方的经历。

例如：向客户介绍自己的同事时，应该首先面对客户说："××先生，您好，
让我来为您介绍，这是我的同事王经理，他是我们公司业绩最好的销售经理。"
这样的介绍，既体现了尊重客户的原则，又适当地说明了另一方的优秀之处，这
才是介绍的最佳效果。

介绍他人的时候，切勿直呼其名

在向他人介绍和自己关系很近的朋友时，一定要注意语言的表达，即使关系
再好，也不能当着第三方陌生人的面，直呼其小名或绰号。最好加上尊称或者职
务，如先生、夫人、老师、经理、律师等。

介绍完毕后，介绍人不要马上离开

介绍人完成对双方的介绍后，最好花一点时间引导一下双方的交流，这样会
使整个过程更加自然，并且双方都会感觉到你很周到、体贴。

■Ⅲ 为他人介绍，做好"穿针引线"的作用

"穿针引线"，就应该脉络清晰，切忌啰唆、重复、含糊不清。介绍人的状态决定了介绍之后双方的进一步交流的状态。所以，介绍人应该制造出欢快、融洽的气氛。

小贴士

在介绍礼仪中，将某人介绍给其他人，一定要征得对方的同意。如果你自作主张，有可能会给他人带来一些烦恼。如一方对某个群体的人没有好感、不想与之接触，而你没有经过对方的同意就介绍双方认识是不合适的。

■Ⅲ 被介绍人的礼仪

当你被介绍给对方，或把别人介绍给你认识时，要及时作出礼貌的回应。

■Ⅲ 姿态要庄重

如果你是站着的，要立即走近对方，面带微笑，注视着对方。

如果你是坐着的，当介绍人在介绍时，应起立。如因特殊情况不能起立，应该点头、欠身一下，以示对对方的尊重。

■Ⅲ 要握手

在介绍完毕后，要注意与之握手的礼节。（注：握手时，谁先伸手，一定要按握手礼仪中的顺序进行）

■Ⅲ 要有问候语

双方被介绍认识后，除了要有肢体上的友好表示，更应该向对方打招呼。当介绍人在向你介绍对方时，可以从重复对方的姓名开始问候，例如：

"您好！张律师，很高兴认识您！"

提别提醒

在介绍时，如果有媒体人士在场，一定要清楚地告知对方。这一点在比较敏感的人群中要格外注意！

■ 集体介绍

集体介绍有两种情况：一是把一人介绍给多人；二是两个群体或两个群体以上，多人和多人相互之间的介绍。

集体介绍的方式需要注意以下几点：

把一人介绍给多人时，方式是很容易把握的。先介绍一人这一方，后介绍多人的一方。当然还是要按双方的地位、身份高低顺序来介绍。

如果是多人和多人的相互介绍，有几种情况。

第一种情况是笼统介绍，如："大家好，这几位都是我的好朋友！"如果再想具体一些，就按照尊卑、长幼、男女之分的顺序介绍。

第二种情况，如果有很多方需要你相互介绍，最好的方式也是笼统介绍，如：

"大家好，这边的朋友来自××公司。中间的朋友来自××大学中文系……"

不过先介绍哪个单位，后介绍哪个团体，一定要有礼宾顺序的排列，才不至于给大家造成亲疏有别的印象。

单位、团体介绍如何排顺序是有一定讲究的，可以按以下几种方式来排列：

按单位规模大小排顺序；

按单位名称的英文字母或汉语拼音首字母排顺序；

按单位总负责人姓氏笔画排顺序；

按先后抵达的时间方式排顺序；

按座次的尊卑排顺序；

按距离介绍人远近排顺序。

名片是人的第二张脸，是一个人身份和地位的无声介绍载体。一张精美的名片能使人直接看到你的品位和风格。

Lesson 9

第九堂课

名片礼仪

名片并非是舶来品，其实，早在中国古代，就开始在社交场合使用名片了。

早在西汉时期，名片就比较流行了。当时称为"谒"，用于谒见别人时通报自己的姓名籍贯，用木或竹片制作而成。以后也被称作"（名）刺""名帖""名纸"。古代的名帖，主要写有姓名、籍贯（或加官职）。

这种名片大多用在下对上或平辈之间，属下谒见上司、后学谒见先生，都要"投帖"，获得对方准许以后才能与之见面。

现在的名片是人的第二张脸，是一个人身份和地位的无声介绍载体。同时，一张精美的名片能使人直接看到你的品位。

▊ 商务名片的设计礼仪

● 质地要精良，不仅要美观更要便于保存。当你收到质地低劣的名片，给你的第一印象可能就是，对方就如这张名片，做事情也会很随意，没有品位。名片要经过精心的设计，才能够艺术地表现自己的身份、品位和公司形象。

● 字体要易认，还可以同时用中英文、简繁体字，但设计不要太花哨。有的名片设计得五颜六色，看得人眼花缭乱，不知从何处看起。

● 不能把自己的私宅电话印制在名片上。这一点一定要注意。

▊ 何时使用名片

● 在社交场合，如果希望认识对方，可以主动上前，进行自我介绍时可以礼貌地递出自己的名片。

● 当他人有意要结识你，并提议交换名片时，拒绝他人是非常失礼的，得体的做法，应该是大方地进行自我介绍，并且礼貌地给对方回递一张名片。

● 初次登门拜访他人时，可以递上名片。

● 送花、送礼物时，需要他人转送，最好附上自己的名片，还可以留下简短的附言，以表达你的感谢与祝福。

● 当你更换了工作、地址、联系方式时，别忘了给你的朋友送上你的新名片。

如何递接名片

递好名片

递名片时，应起身站立，使用双手或者右手，将名片正面对着对方，恭敬地递给对方。

一般情况下名片都有中英文两面，要根据对方所使用的语言来决定名片递出时的方向。

将名片递给他人时，应说一些问候语或寒暄语，如"请多关照""常联系"等，也可以先作自我介绍。

与对方交换名片时，应右手接对方的名片，左手递自己的名片。

与多人交换名片时，应讲究先后次序，或由近而远，或由尊而卑进行。位卑者应首先把名片递给位尊者。

步骤①

接好名片

接受名片时应起身，微笑着注视对方，并双手或以右手捧接。接过名片后可以说"谢谢"。

看好名片

接到对方递过来的名片，一定要有阅读名片的过程。

阅读时，可以将对方的姓名、职衔（高职位）念出声来，并注视着对方，使其产生一种受重视的满足感。

如果对方的头衔较低，则不用大声读出来，面带微笑，认真阅读即可，这也是对对方的尊重。

步骤②

回好名片

接到对方递过来的名片，一定要回敬一张本人的名片。如果身上未带名片，应向对方表示歉意。

步骤③

▉▏放好名片

在对方离去之前或话题尚未结束时，不必急于将对方的名片收藏起来。等一个话题结束后，再收藏好。

自己随身带的名片，应该放在专用的名片包、名片夹里。公文包以及办公室的抽屉里，也要经常备有名片，以便随时使用。

▉▏请改掉以下的习惯

- 把别人的名片随手扔在桌上。
- 把别人的名片随意塞在口袋里。
- 把别人的名片放在西裤臀部后侧口袋里。
- 把别人的名片扔在餐桌上，弄得饮料菜汁滴在别人的"面子"上。

▉▏如何向他人索取名片

向他人索取名片主要有以下几种方法。

▉▏直接法

直接向对方要求交换名片，如："陈董事长，您好，很高兴认识您，能不能有幸跟您交换一下名片？"一般情况下，懂礼貌的人不会直接拒绝的。

▉▏交换法

要想得到他人的名片，可以先向对方作自我介绍并主动递出自己的名片，对方会回递一张自己的名片以示尊重。

▉▏请教法

适合直接向尊长或上级索取名片时使用。如"××您好，早就久仰您的大名，今天您的讲座让我受益良多，今后该如何向您请教？"

▉▏如何管理名片

许多职场人士经常在参加完商务活动后捧回来一堆名片，不知道怎么保存。

其实很简单，只要养成及时整理的习惯就行。在整理时，可以把名片按地域保存，或按行业分类保存也可以，也可以按你的人脉资源来管理。这样，不至于当你需要某位朋友的名片时，无法及时找出来。

此外，要把名片的载体作用发挥出来。平时要养成经常翻看名片的习惯，给对方打一个问候电话，或者发一个祝福短信，让对方感觉到你的存在，感觉到你对他的关心与尊重，同时也维系了与对方的感情。

■ 名片的使用禁忌

● 在名片上，不得随意涂改，更不能在上面随意写字。

● 有地位、有身份的人，应该随身准备好几种名片，针对不同的交往对象，强调自己不同的身份，这是一种礼貌。

● 不要把自己的名片、他人的名片和其他杂物混在一起放，以免用的时候手忙脚乱，错把别人的名片当自己的名片递给其他人。

● 虽然现在是个名片泛滥的时代，但出席重大的社交活动时，不要忘了带上你的名片。

● 名片可在刚见面或告别时发送，但如果自己即将发表意见，则应该在说话之前发名片给周围的人，以帮助他人认识你。

● 参加会议时，应该在会前或会后交换名片。

● 在商业、社交活动中，不要滥发名片，不要见谁就发，要有选择地递，在有可能起作用的范围之内散发。

● 对于陌生人或巧遇的人，不要在谈话前过早地发送名片。

● 无论参加私人或商业餐宴，名片都不可在就餐时发送。

● 破旧名片不可凑合使用。

小贴士

当他人向你索取名片而你又不想给对方时，可用委婉的方法表达此意，如："对不起，我忘了带名片。"或者说："很抱歉，我的名片用完了。"

有的人之所以会说话，就在于他所说的东西是别人不曾想到过的，而他所说的方式却是生动的、奇妙的、新颖的。

Lesson 10

第十堂课

言谈礼仪

交谈是我们传递信息和情感交流的一种方式。在任何情况下，坦诚与热情是交谈的基础，但这是需要注意基本原则和礼节的。

言谈的礼节

注意谈话时的姿态

在谈话时，应该礼貌地注视着对方，目光要与对方有交流。无论你的身份和地位如何，在和他人交流时，不要东张西望、更不能只顾埋头阅读，或面带倦容。玩弄自己的手指等这些动作都不太雅观，也很不尊重对方。

经常碰到一些公司的管理层人士，在与应聘者或下属交流时，会不看对方，不管是什么心态，这一举动足以显示你不懂得尊重他人。

谈话时要顾及到在场的每一个人

如果有很多人在一起交谈，注意力不能只集中在一两个人的身上，目光要顾及到在场的每一个人。

对于比较沉默的人，要设法使他开口。比如可以这样问他："你对这件事情怎么看？""你有什么看法吗？"

交谈时，不要轻易打断别人的谈话或插话

有的朋友经常在对方还没把话说完时，就很鲁莽地打断别人的谈话，这不是一种能力的表现，而是一种修养的缺失，一种不懂尊重的表现。

万一需要打断或插话，可以先征求一下对方的意见，比如说："对不起，请允许我打断一下。""对不起，我插句话可以吗？"

如果你对对方的话题不感兴趣，应该巧妙地转移话题，不可粗鲁地说："你说得太没意思了，换个话题。"

讲话要分清对象

在社交场合与别人交流前，很重要的一点是，首先要认识"自己"。认识自己的能力、地位、身份、阅历和学识，等等。

然后，再了解对方的个性、身份、地位，等等。事先做个了解，对下一步双方交流时，你要采取什么话题会有很大的帮助。因为每个人的年龄、职业、地位、阅历都有不同，所以要想创造好的交谈氛围，重要的一点是要弄清楚，你今天的交流对象是谁，从事什么职业，性格如何，有什么爱好，学历、经历如何，等等。

基于以上的了解，在交流时，话题的选择一定要因人而异。初次见面时，谈话的内容不可超越对方的生活、阅历、思想、知识所能及的范围，比如：面对残疾人士不要谈运动，面对未婚男女不要谈育婴的问题，面对一个艺术家不要谈专业性的金融知识，等等。

忌讳以自己的一技之长对别人之短，正所谓"话不投机半句多"。

对行动不方便的人，应该把"残废人"改说成"残疾人"；对一位身材不苗条的女性，应该把"你长得胖"改说成"你长得丰满"。

■■ 言谈要分清场合

■■ 趋吉避凶

每个人心里都有"趋吉避凶"的心态，都喜欢图个吉利，在同别人交流时一定要注意，如：

在火车上就不要谈火车脱轨的新闻；

乘飞机避讳谈空难；

婚礼上不谈离婚的花边新闻；

过年过节忌讳说和"死"有关的话题；

在洗手间不谈有关吃的问题；

医院里的工作人员不能对病人说"常来啊"或"欢迎下次光临"。

有时候说话，语言需要扩大化来说，如：应该把"去趟厕所"改成"去趟洗手间"，因为去洗手间，有可能是洗洗手、补补妆或整理衣服，等等。

■■ 言谈忌讳肤浅、粗俗

有的人说话总是"好为人师"，说话很强势，不懂得宽容和尊重别人。有的人一开口说话，明明知识浅薄却不懂装懂，只知道柴米油盐却总是高谈阔论；有的人只要和别人交流，就离不开张家长、李家短，一天到晚打探别人的隐私，想方设法当"绊脚石",甚至歪曲事实,传播别人的"是非";有的人开口就带脏字、带黑话,甚至还把它看作自己的独特个性,大肆张扬。

如果以上这些习惯改不了,总有一天会为此埋下懊恼的"账单"!

▓▌▎ 选择的话题应该避开别人的隐私

中国人有个习惯,对初次见面的朋友,或在职场与别人进行交谈时,会问对方很多有关隐私的问题,以示对对方的一种关心和热情,表示我对你有好感,有跟你关系很近之意。要知道,"十里不同风,百里不同俗",话题不要涉及过于隐私性的内容。懂得尊重别人的隐私,这是人类进入文明社会后,向社会提出来的一个要求!比如,在与别人初次见面时,以下几点属于隐私性话题,不应当问。

■▎▎ 不问年龄

与人初次见面,不问对方的年龄。

在职场中,对女性不轻易问年龄。尤其是对50岁左右的人不问年龄。

与西方老年人谈论,一定不要按我们中国人的习惯来,见到老年人都爱问"您老高寿?"在中国,对方会很乐意告诉你,但是西方老年人会不喜欢,年纪大意味着退出生活、工作的重心。

所以,建议您:"记住对方的生日,忘掉对方的年龄!"

■▎▎ 不问婚姻家庭

"家家有本难念的经",在我们身边经常有人会在工作中谈论别人的家庭情况,如最近哪个同事跟一个什么样的人结婚了,最近谁离婚了,为什么那个同事还不结婚等话题。不要做缺乏修养、专以讨论别人的隐私为乐的人。

■▎▎ 不问薪水多少

薪水的多少有时候直接反映了一个人的工作能力。在职场,这可是一个禁忌话题,不要向同事打探别人的薪水,这是很不礼貌的做法,你的上司也不会喜欢。

此外,对初次见面的人,直接问"有没有车","开什么样的车","房子面积有多大","平时穿什么牌子的服装","平时去哪里度假","经常去国外出差吧",等等,这些话题会引起对方的反感,但这样的事情经常会在我们身边发生。

■‖ 不问个人经历

与人初次见面时，不要追问对方的个人经历。可我们会遇到这样一些人，他们说话虚虚实实，故意夸大自己的个人经历，不仅如此，还会有意无意地拿来和别人做比较。你毕业于无名的院校，我毕业于名牌大学；你原来做过服务员，可我一直就这么辉煌。这种做法并不可取，而且从心理学角度来说，还是不自信的表现。

■‖ 不问家庭住址

在中国，大家见面，对自家的住址、电话号码是不保密的。但对于西方人，却是相反的。除了亲朋好友，他们对自己家的住址和电话号码不轻易告诉别人，认为是自己的隐私的一部分。

■‖ 不问健康状况

中国人见面习惯在彼此打招呼、互相问候时，对最近身体不太好的朋友表达关心，有时还会问问对方："最近的身体状况如何，病好点了吗？""怎么治疗的？"或是向对方推荐好的医生或药品。对方会很感动，也乐意跟你聊下去。对于外国朋友来说，一见面，就问身体的状况，会让人反感。更不要说向对方推荐什么好的药品、好的医生了。

■‖ 不问信仰

对方无论信仰哪种宗教和哪种政治，都不要评头论足，更不要诋毁对方，甚至强迫对方接受自己的观点，这都是很失礼的。

■‖ 不问所忙何事

中国人和朋友一见面，随口的寒暄语就是："你吃了吗？""你干吗去呀？""最近忙什么呢？"对方也很乐意跟你谈他的近况如何。

对外国朋友这样问话是很忌讳的。对方会认为你这样的打探，应该会有别的什么目的，很容易引起误会。

■ 与对方初次交谈时的礼仪

当你遇到第一次交谈的人，有时候在心里总是琢磨该如何与对方交谈，说些什么好，哪些话题在初次见面时不能涉及。一般来说，与对方初次交谈，不谈对方的缺点或深感遗憾的事情；不说上司、同事以及朋友的坏话；不谈家人的秘密；不谈不景气、手头紧之类的话；不谈一些荒诞离奇、黄色的事情；不述说个人的恩怨和牢骚；不说一些尚未明辨的隐衷是非；要避开令人不愉快的疾病详情；忌夸自己的成就和得意之处。

■ 笑话的分寸

在社交场合，交谈中妙语连珠、插入一些笑话，可以使表达收到更好的效果。但讲笑话要注意场合、地点、对象，要有分寸。在办公室里，尤其是在女性面前，虽然大家都相互了解和熟悉了，但讲话也不可太随意。

比如，有的人在闲聊时，专爱拿别人的生理缺陷、或男女之间的话题、或一些低级趣味的笑话，在办公室里肆无忌惮地津津乐道。

其实，这不但不能表现自己的风趣和幽默，反而说明了自己的轻薄与无聊。

■ 学会善意的赞美

每个人都喜欢被赞美，所以适当赞美一下对方，不一定是阿谀奉承。有时候，承认对方的优点，也是自己大度的体现。

不过，首先要注意：赞美的语言一定要适度、得体，更重要的是真诚。

男性偏爱的赞美语从心理学角度来说，可以多从他们的性格、能力、社会地位、实力、成就、气度、信用度等方面来赞美。

女性偏爱什么样的赞美语呢？女性一般比较注重外在和细节方面的感觉，可以从外貌、能力、品位、保养、事业成就、感觉、内在美等方面来赞美。

■ 言谈的方式

■ 说话的声调很重要

有的人天生一副好口才，但是听他讲话会很累，没法引起你的注意力。这是因为说话的人语音、语调贫乏，无法取得好的效果。

说话的声调非常重要，抑扬顿挫比平淡单调让人有吸引力，委婉柔和的声音总比提高嗓门来得悦耳，发音稍缓总比连珠炮式的易让人接受。

■▌ 忌口头禅

很多人讲话常常不自觉地、频繁地带入口头禅，给听者造成负担。

■▌ 忌说让人听不懂的方言

在与他人交流时，尽量说普通话，这样易于"天南地北"的人们沟通。

不过，对于别人一时改不了的乡音，听后不必仔细追究或是嘲讽一番，如有不明白的地方，多问一句即可。

■▌ 忌喋喋不休

在社交场合，如果遇到一位说话喋喋不休的人，那是会令人厌烦的。

如果你有逢人便诉苦的习惯，请改掉这个习惯。每个人在生活、工作中都有纷繁复杂的、不开心的事情等待去处理，可能此时的状态跟你一样，你的诉苦反倒会增添对方的反感。下次见到你，有可能会躲着你走哦！

■▌ 称呼礼仪

在日常生活中，我们如何称呼别人才得体，才不至于失礼？一个小小的称呼就能让对方感受到你的敬意、你的热情，所以称呼他人一定要掌握好技巧。

■▌ 地域性称呼（用于非正式场合）

在中国，东西南北地域不同，称呼就有很大的差异性。

比如：北方人习惯称呼成年女性为"大姐"，男性为"大哥"，而南方人习惯称呼为"小姐""女士"和"先生"。

再如：北京人到现在还喜欢称呼"师傅"，如李师傅、张师傅，听起来很是亲切。但在南方沿海一带，大部分人会称呼为"同志"。

东西方国家也有差异。在中国，人们称呼自己的配偶为"爱人"，但在西方人听起来不可思议，因为"爱人"是第三者的意思。

■▮ "小""老"＋姓氏的称呼（用于非正式场合）

在中国，人们习惯在很熟悉的年长的男性朋友的姓氏前加一个"老"，如"老李""老张"。对青年男女都会加一个"小"，如"小张""小王"。

但是有一点要注意，对学识、身份、地位很高的专家、学者，我们称呼"老李"就不合适了，一定要把称呼的顺序倒过来，称呼为"李老"！

■▮ 特殊职业的称呼

对律师、医生、法官、老师这些社会地位较高、受人尊敬的职业，可以用姓氏＋职位的称呼：例如"李律师""杨院长""刘医生"等；

对军人，可以用姓氏＋军衔的称呼，如"陈将军"；也可用军衔＋先生称呼，如"少将先生"；还可直呼军衔，如"上尉""将军"。

对政界人士的称呼，可以用姓氏（或姓名）＋行政职务的方式，如"王强市长""刘市长""温总理"等。

■▮ 不清楚对方姓名，但知道职位时的称呼

在这种特殊情况下，就用职务＋小姐、先生来称呼，如"司机先生""导游小姐""护士小姐""市长先生"；或者直接称呼职位即可，如"列车长""售票员""乘务员"等。

■▮ 不清楚对方姓名、职业、职务、年龄、婚否时的称呼

这种情况很好办，直接用"先生""女士"来称呼，是不会出错的。

■▮ 关于昵称、绰号的禁忌

昵称，是关系密切、很熟悉的亲朋好友之间使用的称呼语。如"亲爱的""宝贝儿""哥们儿""兄弟"等，相互间这样称呼，会拉近朋友间的关系。这种称呼只能在非正式、休闲场合使用，在正式场合使用，就会显得对其他人过于忽视和不尊重。

对关系一般的朋友，最好不要给对方取绰号。尤其是拿对方的身体缺陷、名字、职位身份低来给他人取绰号。虽说取绰号是一种玩笑，但这种行为带有侮辱他人的人格和尊严的成分，是不懂得尊重他人的一种表现。

小贴士

日常礼貌用语几大类型

问候语

您好，很高兴见到您！/ 早上好，女士！您有什么事情需要我帮助吗？

面对香港和广东的客人，可说"恭喜发财"，但不可说"新年快乐"（谐音"快落"）。

欢送语

欢迎再来！/ 希望能有机会再次为您服务！/ 祝您旅途愉快！

致谢语

谢谢您！/ 感激不尽！/ 非常谢谢您的关心与支持！/ 有劳您了！让您替我们费心了！/ 给您添麻烦了，十分感谢！

请托语

请您稍候！/ 请让一下！/ 劳驾！/ 拜托了！/ 对不起，打扰您一下！/ 借光，让我过去一下！/ 请您帮个忙！

征询语

您需要我的帮忙吗？/ 我能够帮您做什么？/ 您还有别的事情吗？/ 您讲慢一点，好吗？/ 您需要点什么？/ 您觉得这件怎么样？/ 请问，我可以为您撤换餐盘吗？/ 对不起，我可以占用您一点时间吗？

应答语

是！/ 好的！/ 好的，明白了！/ 好的，马上就来！/ 好的，听清楚了，请您放心！/ 好的，一定为您办到！/ 不用谢，这是我应该做的！/ 别客气，我很乐意为您服务！/ 不必客气，这算不了什么！

赞赏语

对，很对！/ 非常好！/ 您的意见非常宝贵！/ 您的这个意见对我们非常重要！

道歉语

对不起！/ 非常抱歉！/ 不好意思，请多包涵！/ 十分抱歉，是我们的失误，耽误你的时间了！

推托语

很遗憾，不能满足您的要求了，请您多包涵！/ 很抱歉，我可以为您向其他负责人询问一下！

不管你是管理人员还是普通职员，心里要有一条准则：可为与不可为。

需要坚守的是：职业生涯要不断"投保"，不断提高自己的"含金量"，不仅要接受良好的专业教育，还要具备职业人士的敏捷、自信、尊重、宽容的秉性，要有独立追求的意识，既懂得融入团队又不卑不亢。

Lesson 11

第十一堂课

办公室礼仪

每个职场人士都希望事业上有成就，在单位里受欢迎，这些都离不开礼仪！同时，一个企业的员工形象也代表了这个公司的企业管理体制和文化。

舒适、和谐的工作环境是办公室工作顺利运转的重要保障。更重要的是，每一个办公室都会从侧面反映整个公司的管理和实力！

办公室的环境很重要

办公环境要注意幽雅、整洁

办公室内，每一位工作人员都要讲究卫生，不可随意乱扔垃圾。办公桌面要保持干净、物品放整齐。

办公室内的空气是另一个需要注意的问题。有的公司会安排员工在办公室内用午餐。用完午餐后，请立即清新空气，避免餐食的气味弥漫整个空间，一旦有客人来访，会影响公司的形象。

在办公室内不要毫无顾忌地抽烟，既污染办公室内的空气，对女性同事也是一种不尊重的表现。

你的办公桌展示着你的一切

有些人认为办公室乱点儿没关系，不必讲究太多，其实不是这样的，办公室里的环境和工作效率联系在一起，这也和公司的规范化管理程度有关系。

如果一个员工的办公桌上文件、材料四处乱放，放文件的抽屉塞满了零食，私人物品和办公物品混乱堆放，为找一份文件要"翻天覆地"地搜寻，这样的办事效率，这样凌乱的办公桌面，如何让人相信这位员工办事会有条理性！反倒让人觉得他很懒惰，工作没有能力，没有积极性！

保持办公室环境的干净、整洁是最起码的要求。

办公桌上一般可以放以下几件主要物品：商务电话、记录用的本子和笔、日程表（商务手册）、常用资料、电脑、便笺等。

新职员刚工作时，要特别注意在桌面上放一张办公室工作规划及同事、上司的计划部署表。

■‖ 电脑放办公桌正中间

工作离不开的就是电脑，每天频繁使用，一定要注意卫生。下班时别忘了关上电脑。

■‖ 纸、笔等记录用品到位

桌面一定要放一支能出水的记录笔，同时还要准备记录本，以备在和重要客户或上级领导通话时，需要记下重要的事情却找不到笔和记录本，那是非常尴尬和狼狈的。

■‖ 文件要放整齐

一些常用的材料、办公用品等，不可随意扔在桌面上。

办公文件更不可随意乱放，要根据日期和内容装订起来，可以用不同颜色的文件夹分门别类：如红色装重要文件，黄色装次要文件，蓝色可以装普通文件。

同时，把一些常用的办公文具，如涂改液、订书器放在抽屉里的固定区域，随用随拿。

■‖ 抽屉划分好区域

抽屉是最容易弄脏的地方。首先不可把自己的私人物品放满所有的抽屉。尤其是女性，不能把自己的日常用品、化妆品、零食等塞满抽屉。我们是来上班的，而不是来度假的，不能把办公桌当成自己的私密物品。所以，抽屉里不要摆得乱七八糟，可以把抽屉划分出一定的使用区域。

■‖ 电话机放在桌面的左侧

目的就是来电话时方便接听，左手拿听筒，右手方便记录。所以，在办公桌的右侧一定要放上一本记录本，以便在接电话时随时可以做记录。

■‖ 放相架或盆栽要谨慎

办公桌上可以摆放一张个人的照片或全家的照片。盆栽一定要选择小型的，放一盆即可，可以为我们繁重的工作增添一抹色彩，缓解一下压力！

不能认为只要桌面收拾干净就行了，从办公室整体规划与部署来看，应该是整个办公室内都要整洁，以体现公司良好的文化气息。

新职员尤其需要注意的是，务必牢记"行为美"要成为在办公室里的一种习惯。

办公室里应遵守的礼仪

在办公室里要保持良好的体态

在办公室，严禁斜倚或坐在办公桌上，更不该把脚放在办公桌上。

男、女同事交流时，在办公室内，不能因为相互熟悉，而做出一些轻浮的动作，比如用手去摸女性同事的头发，或借着交流的机会，把手放在女性同事的后背、肩上等。

在办公室里，仪容仪表要规范

如果没有统一着装，在办公室上班宜选职业装。

工作时间，就算不穿正装，也要穿戴整齐。

在办公室里，女性职员着装，首先是要美观大方，不要过于性感或浓妆艳抹，职业淡妆最好。

在职场，过分妖娆、魅力四射的女性，可能会产生很多负面效应，周围的人会认为你在工作上是靠外表取胜，而忽略了你的专业和能力。

女职员不能在办公桌前化妆，尤其在异性同事面前时，哪怕关系再熟悉。建议如果办公室有衣帽间，就去那里补妆，没有条件的，可去洗手间代替。不能把办公室当成你的化妆间，那是对身边在场同事们的不尊敬。

男性职员以西装为主，注意夏天不能穿拖鞋、短裤、背心，甚至赤膊出现在办公室。过于休闲的服装不适宜当成工作服。过于火辣的服装，也会显得你不稳重。

在办公室里不得不注意的一些细节

准时上下班

上班时间，提前10分钟到达公司，可以对一天的工作做个规划，当别人还在考虑当天该做什么时，你已经走在他们前面了！上班是否准时，反映你对工作是否敬业。

到了下班时间，不要自己静悄悄地离开，如果已经做完了工作，可以向周围的同事打声招呼，如"我先下班了"，然后再离开。

看到上级正在忙工作时，最好问一声："需要我帮忙吗？"确定不需要时可以离去。

下班之前一定不要懒惰，应把自己办公桌上的文具和文件等放整齐，将椅子放回原位。

上班不做私人的事情

私人事情不要带到办公室去。每个人都要谨记，公司给你薪金，目的就是需要你做好本职工作，所以应该尽责地做好分内的事情。

不接听私人电话

最好不要在办公室打私人电话，更不要煲电话粥。若有从外面打进来的私人电话，接听时说话应简明扼要，说明正在上班，尽快结束谈话。

■‖‖ 充满热情

无论是谁的客户、谁的朋友，踏进了公司的门，就是大家的客人，如果我们迎面碰上，应热情打招呼。如果要找的同事暂时不在办公室，也绝不可以三言两语把客人打发走，或把他晾在一边不问不管。

■‖‖ 工作人员之间的人际关系要和谐

■‖‖ 同事之间见面要懂得打招呼

同事之间哪怕天天见面，每天早上上班时，也要愉快地打个招呼，为全新的一天工作做好准备。

"早上好"和"下午好"应该成为办公室中最常听到的礼貌用语，每天在办公室，不能因为彼此熟悉而将这些省去。

■‖‖ 不随便动用他人物品

在办公室中，不要随便挪用别人的东西，即使是公司统一配发的用品，也属于个人私用。未经主人许可动用了，事后一定要打个招呼。

■‖‖ 要懂得尊重你的同事

每个人都有自己的个性和独特的生活经历，职场中不可以把他人的一些私事或不好的一面当做闲聊的话题，这是对他人人格上的不尊重。

在我们身边经常看到"好为人师"的同事，因为别人与他的观念不同，就采取冷嘲热讽的态度，贬低对方或采用过于强势的姿态，把自己的观念强加在他人身上。其实这是最典型的不宽容的一种表现。

■‖‖ 不要诿过给同事

如果是自己的原因给工作带来了麻烦，要勇于承担，不可推卸责任。

■‖‖ 不搬弄是非

绝不可对他人在某些方面的成就、幸运产生嫉妒之心，借机会寻事挑衅、捉弄、报复、造谣中伤对方，更不应窥探或暴露他人的隐私，搬弄是非，这违反了职场的大忌，这样的人走到哪里都是不受欢迎的。

■‖‖ 要善于学习

要不断更新自己的专业领域的知识，更要不断拓宽自己的知识面，往往一些看似无关的知识会对你的工作起到巨大帮助。

■ **办事不拖拉**

不管领导指派了什么任务给你，接到任务后，要迅速、准确、及时地完成，工作效率胜过一切。

■ **说话要谨慎**

比如工作中的机密，必须守口如瓶，不可随意在办公室内充当午间休息时的传播话筒。

男性和女性在办公室注意交谈的分寸。不开黄色玩笑，尤其是有女同事在场时，男性职员更加要注意这一点，否则女性会认为这是对她们的侵犯。

男性在恭维女性时，也要避免挑逗性话语，以免给对方产生性这一方面的错觉。

■ **不要擅自越级**

遇到麻烦事，常规是先要找你的顶头上司，切勿越级去找更高一级的领导。即使对你的顶头上司有意见，也先要获得他的同意才可向更高一级申诉。

■ **经济往来一定要清楚**

同事之间，不能因为彼此很熟悉，在经济问题上就含糊不清。长此以往，会破坏彼此的关系。

办公室里的言谈礼仪

■ **不打听别人的隐私**

这是人类进入文明社会提出的一个要求，更是在办公室内忌讳的话题。有的人没事专门以打探别人的隐私为爱好，不仅打探，还添油加醋、胡编乱造，借此机会打击嫉妒的对象或优秀能干之士，这只能是不自信的一种表现。

■ **不传播小道消息**

故意破坏办公氛围，"唯恐天下不乱"的心态是不受欢迎的做法。

■ **不讨论个人薪金**

这是个敏感的话题，切不可随意打听其他同事的薪水，这只能令其他同事生厌而远离你，包括你的上司。

未见其人，但闻其声。

打电话时，电话另一端的人看不见你的表情和姿态，对你的判断完全取决于你的谈话内容和你的声音。

电话里你的声音和语言，更是你自己和公司的形象展示！

Lesson 12

第十二堂课

电话礼仪

每天，我们几乎都在与电话接触，都知道它的重要性，而且大家对电话的使用技巧掌握得都很熟练，但是否都注意电话礼仪了呢？

"电话形象"就是电话礼仪的主旨所在。

办公室电话礼仪

请微笑着接听电话吧

不要以为电话另一端的人看不见你（不包括可视电话），就不在意自己的表情。微笑不只是表情，还是一种美好的感觉，在电话里，对方虽然看不到你，但感觉得到你的态度，你所说的每一句话，都反映出你的心意，代表了你的行动。

如果趴在办公室桌上接电话，声音会显得沉闷；如果很焦虑地接电话，对方也能够听出你的急切。

因此，调整好情绪、保持良好的身体姿态是非常有必要的。这一点，不得不承认日本人做得非常好，接电话时，他们不仅微笑着说话，还会伴随鞠躬礼，哪怕对方看不见，但对方也能感觉到你的微笑。

请用微笑来迎接每一个电话！

电话响几声接听

当电话铃声响到第二声时，请拿起听筒。现在很多公司或外企都有这样的规定，这是非常正确的。

太快或太慢接听电话都是不合适的。从心理学角度来说，人等待电话铃声的极限是四声，超过四声后，心情就会有波动。

如果你实在忙不过来，第四声电话铃响起才接听电话，应该有道歉的话语，比如："您好，让您久等了……"一个管理完善的公司，一定是这样做的。

■ 第一句应该说什么

先自报家门，后询问情况。接听电话是工作的一部分，应该体现精炼、从容的职业感觉，所以开场白应该是问候语。

早9：00以前，可以用"早上好"；

9：00—12：00，可以说"上午好"；

12：00—13：30，说"中午好"；

13：30—17：30，说"下午好"；

其他时间则可以笼统地说"您好"。

在问候语之后，应主动报出公司或部门名称。如："您好，这里是××公司，我是××，有什么需要我帮助的吗？"

需要特别注意的是，不允许接电话时以"喂"或"你找谁呀"作为问候语。特别是不允许一张嘴就毫不客气地像"查户口"一样，一个劲儿问对方"你是谁？""你找谁？""你找他有什么事呀？"

■ 如何接电话

■ 左手拿听筒，右手做记录

电话放在办公桌的左边，以方便左手拿话筒，右手做记录。坐着接听电话，身体应直立，有些人接电话时习惯把脚放在办公桌上高高跷起；还有的人会把电话夹在自己的脖子上通话，手里却忙着别的事情；有的人喜欢拉着电话线，来回走动地通话，这些都不太雅观，尤其是有外人在场的时候。

■ 第一句话的声音要清脆、响亮

初次给对方打电话，往往因不知道对方是个怎样的人而抱有期待感和不安感。所以在接、打电话前，都应深呼吸一下。用腹式呼吸，发出的声音会很好听。

声音大小要把握好。电话沟通时应该保持积极、明朗的语调以及与对方相差不大的合适语速。

■‖ 要确认电话是打给谁的

如果对方刚好找的是你，这就很好办，如回答："您好，我就是，请问您是哪位？"只要态度友好、亲切地应对，一切就可以顺利进行下去。

如果是代接电话，要用手轻轻捂住话筒，然后通知对方要找的同事；如果受话人距离太远，要向对方说明："请您稍等一下"，然后再去找人，千万不要在办公室里大声呼喊同事的名字，电话的那头听到这样的声音，也会觉得十分不雅。找受话人的时间不能太长，让对方等待的时间最好不要超过15秒。

如果对方要找的人不在，则应重新拿起话筒，告知对方："他（她）恰好不在"或"公务外出"，不要随便透露同事的去向。

别忘了要询问对方是否需要转达，更不要直接挂电话，一走了之。虽然要找的不是自己，但代为同事接个电话是举手之劳。同时，也能给对方留下贵公司人际关系和谐的良好印象。

■‖ 记录要及时

若对方有留言需转告，应该及时记录下来，以免因为事情太多忘记转告或者弄错电话内容。

电话记录内容表：

来电时间	来电人	找谁	来电事由	处理方式	来电人信息	电话记录人	备注

在进行电话记录时，对数字、时间、电子邮件地址等信息应该向对方重复一遍："对不起，先生，您刚才是说今天下午三点让李军给您回电话吗？您的电话是……对吗？"或者告诉对方："您在电话中谈的事情我一定向××转达。"一定要再次确认，以免出错！

■‖ 如果电话需要转接，先按保留键，再转接电话

从电话里传出的声音，一般4米之内都可以听到。转接电话时，不能让对方听到内部人员谈话。即使将话筒一端贴在脸上或捂在胸口，对方也照样能听到谈话。

小贴士

如果电话中噪声比较大，听不清对方说话，应该直截了当地告诉对方："对不起，我这边听得不太清楚。"

询问对方姓名时应该说："请问您贵姓？"如果对方告诉你他的姓名，应该对姓名中的每一个字进行确认。

知道了对方的全名后，在随后的交流中，就要尽量使用对方的"姓＋职务"的称呼方式，如称"张经理""王主任"等。

对自己没有及时接到的电话，应该在24小时以内给予回复，如有特殊情况没能及时回复，一定要向对方作简单的解释。

■ 如何打电话

■ 打电话前，应该提前打好"草稿"

在国际商务礼仪中，打电话有个"三分钟原则"，即除非万不得已，每次打电话的时间不应超过三分钟。所以，商界人士在打电话之前，说什么、怎么说都应该事先想好、设计好，要主旨明确、条理清晰。如果自己一时无法应对，最好打好腹稿或文字稿再与对方通话。

■ 打电话前端正好姿态，调整好心态再开口说话

■ 如果你打的是商务电话，应该选对时间

商务电话在对方上班的时间拨打为宜，尽量不占用对方的私人时间，如在午间休息、下班后、晚上十点以后打电话，都是不礼貌的；打国际电话，还要注意时差的问题。

■ 给不太熟悉的人打电话，电话接通后，要主动先报姓名

这种情况下可以说："问候语＋所在公司名称＋个人姓名"，然后用最简单的语言，说明去电事由。

对于在电话里听不出你的声音的朋友，也应该马上自报姓名，不应该在电话里让对方猜你是谁，更不要拐弯抹角、长篇大论式地寒暄，或讲一些无关的事情。毕竟在电话里的交流与面对面交流是有区别的。

■‖ 使用电话交流，一定要有耐心

经常有朋友因为电话的另一端听不明白，而大发雷霆，或一气之下以挂断电话来结束交流。其实用电话交流更容易让双方产生误会，毕竟彼此看不见对方，看不到对方的肢体动作和眼神，完全是以对方的语音、语调来判断说话人的态度。

所以，用电话交流时一定要有耐心。对方有听不明白的地方，要调整心态，再仔细说明。

若拨通电话时，对方正忙，则不应强人所难，非得要抢着说完。可以再约个时间，过一会儿再打。

在通话过程中，如果电话因信号原因中断，按礼节应由打电话一方再拨一次。拨通后，一定要解释电话中断的原因，以免引起对方误会。

■‖ 交流完毕后要道谢，再结束交流

记住，打电话的一方一定要让对方先挂电话。挂电话时，应轻轻放下话筒，如果"咔嚓"一声，会让对方产生误会。

■‖ 手机礼仪

手机是我们每天都在使用的通信工具，与手机的另一端进行交流、沟通时，有很多行为礼仪规范。

■‖ 手机要放在合适的地方

把手机别在腰上、揣在裤子口袋里、挂在胸前或绑在手腕上，都是不雅观的。建议把手机放在随身携带的公文包里，不用时不要拿在手里。

■‖ 控制好手机铃声

参加会议时，手机应主动调到静音、振动甚至关闭状态。开会时不要把手机摆在桌面上。

作为商务人士，最好不要用异类、怪异的铃声。电话铃声设置不当，不仅对他人不尊重，也会破坏自己的形象。

■ 不要让手机太"自我"

很多人打电话不太注意场合，在公共场合大声接打电话，毫无顾忌地说自己的私事，不仅干扰环境，也干扰他人的心境，让周围的人生厌。

在以下场所最好利用发短信功能或关机：如加油站、公交车、地铁、飞机、候诊室、展览馆、音乐厅、电影院、图书馆等。

开车、骑自行车时，最好下车再打，或调大音量戴上耳机再打。

要管理好我们的手机，在需要安静的地方、禁止拨打电话的地方，请不要使用手机。

■ 不要把重要信息存在手机里

很多人都习惯把自己的亲朋好友的照片，甚至工作上的一些重要信息、业务往来的资料存在手机里，这是很不好的习惯。一旦手机丢失，是一件很麻烦的事情。

■ 对方拒接时要耐心等待

如果对方拒接了电话，请不要立即再打过去，要耐心等待，有可能对方此时不方便接听。

■ 写短信时应尽量简明扼要

短信要写得简明扼要，当然也不要简练到令对方看不懂，甚至没有标点符号的程度。同样，收到短信后要及时回复。

至于短信的内容，要注意礼貌。不要发送内容不健康的手机短信，比如给异性发一些荤段子，或给同事、朋友发类似于"此短信要转发给十个人，否则这个月有血光之灾"这样的短信，不仅让对方感到很不舒服，也会影响自己的形象。

■ 友善地对待错打的电话

如果接到一个陌生人错打的电话，只要对方不是有意拨打错的，我们不能在电话里破口大骂或粗暴地回答："你打错了，神经病"。对方的一个不小心，有可能给你添了麻烦，但孰能无过，有时候我们自己也有因一时走神或忙碌而按错电话号码的情况，所以应该宽容地对待这种无意的错误。

如果接到了打错的电话，应态度温和地告诉对方："你打错了。"

同样，如果你无意间拨错了电话，更应该马上主动向电话的另一端道歉。往往有人一听拨错了，马上就挂掉了电话。要知道，错在你而不是对方，虽然不认识对方是谁，也应该为你无意中打扰了对方而致歉，这是一个人的基本素养的体现。

■ 如何对待投诉电话

许多企业都设有专门接听处理投诉电话的部门，接听投诉电话，心情自然没有那么轻松愉快。当电话铃声一响，往往会很紧张。

其实，面对这样的情况，接线员首先应该弄明白什么是"投诉"，我们又该如何面对顾客的投诉，怎样才能树立公司的形象，而不是面对投诉，一味地应付或推托责任。

"投诉"是顾客对企业的某些产品或服务诉说不满、提出自己意见的行为。反过来讲，企业的员工一定要明白，顾客的投诉，其实就是在提醒我们的企业"注意目前还没有发现的问题"，这也是顾客的一种"建议"，更是为企业提供很多还没发现或疏忽的未知信息。

所以，企业和每一位员工，不要恐惧或不在乎每一个顾客的投诉电话，要以一部电话作为载体，用最有礼貌的美好的语言，把最真诚的态度传递到电话线的另一端，把"投诉"引起的负面事态转向积极的一面发展！

如何具体应对"投诉"电话才能使投诉的一方平静下来或感到满意呢？这就需要注意接投诉电话的程序。

■ 接到投诉电话，声音要柔和、亲切，先要寒暄

用清脆响亮的声音接电话，这个好习惯一定要坚持下去。如果投诉的顾客电话打通后，听到的第一声就是你这样有礼貌、优美、积极的声音，对方的不满情绪会得到缓解。

■ 边耐心倾听顾客的不满，边做好记录

在倾听对方投诉、了解实情时，有时免不了要听到对方激烈的言辞，这时我们要保持冷静，学会以宽容、体谅的心态接听电话。

在我们身边，经常也有这样的接线员，没等顾客说完话，就急于辩解，最后导致对方情绪更加激动，对企业更加不满。

在倾听过程中，不要打断对方说话，还要时不时给对方一个呼应，比如："嗯""是吗""哦"等呼应语，说明"我在认真听，您继续说"。

■ 对方述说完毕后，要立即先代表企业向顾客道歉

听完顾客的"投诉"，不管对方的投诉和要求是不是有道理，我们都要从体谅对方心情的角度来考虑问题，要立刻学会道歉，比如说："没想到因为工作的疏忽，给您添了这么多的麻烦，非常抱歉！"诸如此类的道歉语，可以缓解对方的情绪。

■ 道歉后记得要向投诉的顾客致谢

有的人很不理解这样的做法，为什么还要致谢？比如："谢谢您将实情告诉我们！""感谢您来电话给我们提意见！"

其实，说这样的致谢语，会使对方的情绪得到进一步缓解，心情逐渐平静下来，有利于下一步对事情的解决。

■ 有投诉就得有解决方案

往往顾客在向你投诉完毕后，其实最想听到的就是"如何解决"。所以我们要按照公司的规定，立即给予对方合理的答复，如："我们立即想办法给您解决！"

■ 要有一个美好的"收尾"语

比如："谢谢您的来电，今后也请您继续监督我们的工作。"

润物细无声，细处见精神。一份简单的传真文件，一份快捷的电子邮件，却展示着你的工作态度和替别人着想的处事方式。

Lesson 13

第十三堂课

传真和电子邮件礼仪

■ 传真礼仪

相信很多秘书经常会遇到这样的事情：接到一份传真，上面只有内容，却不知道发给谁的；想回复，又发现对方没有留下相应的电话号码。下面就来说说传真礼仪。

■ 发传真前，资料要仔细检查并整理好

在发传真时，最容易出现的问题是疏忽一些必要的注释，应该在第一页附上，比如：

日期：

收件人：　　　　　　传真号：

发送人：　　　　　　传真号：

页数（包括此页）：

此次传真如有问题，请随时通知我们，谢谢！

电话：

这样就不会给对方造成麻烦和沟通障碍了。如果你的工作经常需要发传真，一定要养成良好的习惯。

■ 发传真的时间一定要沟通好

不要自己想发给对方一份文件就发过去了，如果对方还不知道你发过来文件，就有可能耽误时间。这是非常不礼貌的。

所以，发传真前，先要跟对方取得联系，征得对方的允许后，约定时间把资料发过去最稳妥。要提醒一下，最好是在下班前把传真发给对方。

▓▌ 传真要清晰

用原件发传真最好，这样就避免发送后出现内容看不清楚的情况。

▓▌ 发传真后，要学会确认

大部分传真机都会设置自动接收，当发过传真后，发送方应该尽快通过其他方式与收件人取得联系，确认其是否收到传真。这是很重要的一个环节，更是体现了你仔细、认真的工作态度。

▓▌ 收到传真后要及时回复

收传真方在收到传真后，应及时回复发文件方，文件是否收到、是否清晰等，这是一种礼貌，以免对方惦记。收到的文件需要办理或转交给他人的，万不可拖延时间，耽误双方重要的事情。

所以，发传真看似简单，其实需要我们的仔细和耐心，稍不留神，如果资料丢失，就会影响到双方的合作业务。

特别提醒

在商务往来中，不要用传真的方式发感谢信和邀请函。

用传真机的方式发感谢信和邀请函，给对方的感觉是不庄重、不正式，不能体现公司对感谢对象和邀请对象的重视和尊重。

同时，也不可以用传真机来发私人信件和需要保密的商务文件。

▓▌ 电子邮件礼仪

在使用电子邮件发送商务信函时，应当遵守的礼仪规范主要包括以下几个方面。

写邮件应该注意的礼仪

一定要写主题（整篇邮件内容的中心概括语）

在我们的邮箱里，每天都会收到许多商务往来的邮件，有时候会因为邮件没收到、或邮件无法接收等情况影响工作效率。

所以给别人发邮件时，应该规范发件，要替收件方着想。

发邮件时，一定要写明主题。主题跟邮件的内容应相符，但文字不要过长，如果归纳得当，收件人就会一目了然，很清楚你发过来的是有关什么内容的邮件，因为大部分的收件者都是以标题来选择是否阅读。虽然现在很流行用符号代表情绪反应，但在书写邮件时，并不适合用太多符号来表达邮件内容。

在我们身边有很多人疏忽这一点，弄得对方在接收时一时无法判断邮件的内容。

内容要清楚、规范，语言要有礼有节

在使用邮件商务往来时，一定要考虑到容量的问题，不要有过多的修饰语，语言要简洁流畅。

如果我们把文件内容以附件的方式发过去时，最好要清楚地在正文框内写上附件内容目录介绍。比如，对内容很多的邮件，要分门别类，附上简介最佳。同时要提醒对方文件以附件的方式发送。

对相互合作需要商量或探讨的事宜，也可以作简单明确的说明。

正文一定要语言流畅、表达清晰、内容简洁

对于开头的称呼，我们要慎用。在称呼上，不能不分亲疏关系，过于亲昵或没有称呼都是失礼的。所以，要根据对方是谁，来决定用什么语气。

首先要分清楚是商务邮件还是私人邮件，收件人和你之间的熟悉程度如何，是否分等级关系，等等。

商务邮件往来，如果对方与你还不太熟悉，最好用敬语。常用的是加上头衔，如："××总经理，您好！"如果不太清楚，就用"××女士（先生），您好！"

总之，一定要注意礼貌示人，多用谦语、敬语！

附件的内容一定要考虑容量的问题

如果文件太大发不过去，采用了别的发送方式，一定要告知对方。

■‖ 邮件要便于收件人阅读，少用生僻字、异体字

虽说电子邮件的确方便快捷，但是在遣词造句上还是要注意规范书写，可别把方便当随便！

▊‖ 发邮件前一定要谨慎

■‖ 核查内容和收件人

对于即将要发过去的资料，一定要再次检查内容，看是否有遗漏的地方，同时不要疏忽检查错别字，如果存在错别字，不仅是工作态度的问题，更是对收件方的不尊重。

发邮件前，要再次确认收件人的信箱，避免发错对象，给他人带去不必要的困扰，甚至有可能泄露重要机密。

■‖ 不要滥发邮件

商务邮件，收件人只是商务上往来的合作人，不可把一些和商务无关的私人性、八卦性内容滥发给对方。更不要重复传送给对方，免得占用对方信箱的空间。

▊‖ 收件方应该注意的礼仪

收件方如果收到邮件后，应该立即回复对方，不可置之不理或迟迟不回。对因为外出等原因而没有及时回复的邮件，要向对方说明原因并表示歉意。

回复邮件时条理要清晰，回复的目标要明确，做到有礼有节有规范！

特别提醒

在发送商务电子邮件时，为了省事，用"回复全部"的方式不可取。看似省事，但对于其他无关的人来说，收到的就是"垃圾邮件"。更重要的是，如果邮件内容涉及机密，这种方式还有可能泄密。

主任办公室
Director's Office

总经理室
General Manager

在工作中，不管你是处于决策地位的领导还是普通的员工，都要用和谐、理解的基调来开展工作，都应遵守合乎自己身份的礼仪。

Lesson 14

第十四堂课

上下级相处礼仪

下属与上级之间的相处，要分清场合。在下班后，也许你的上司喜欢拉着你聊天，但你也不要因此就认为在日后见了上司，就可以跟他随意说话、拍肩搭背；就可以私自进入上级办公室无所顾忌，随意翻动上级的物品；就可以随便乱动上级使用的办公电脑等，这种做法是不合乎礼仪规范的。

所以，不可因为跟你的上级私下里关系不错，在进入上司办公室时就可以很随意。

与上司相处，一定要把握分寸。正确的做法就是，分清楚工作和生活中相处的区别，在工作中仍然要保持上下级关系。

■▌ 下级汇报工作的礼仪

下级向上级汇报工作时有一定的礼仪要求。

■▎ 遵守时间，不可失约

上级的工作大部分都是事先安排好的，因此不能过早就到，以免上级还没准备好，也不要迟到，让上级等候过久。

■▎ 进上级办公室，一定要轻轻敲门，经允许后才能进门

当需要进上司办公室汇报工作时，不可因为你跟上司的关系好，就大大咧咧，破门而入。即使门开着，走到门口的时候，也要用适当的方式，比如敲敲开着的门，或向上司打个招呼，提示一下有人进来了，这也给上级一个及时调整体态、心理的准备。

特别提醒新职员一定要注意，在办公区域，如无特殊情况，最好"不进无人

之室，不入无人之门"。

■‖ 汇报时，要注意姿态

汇报时，站在上级办公桌前方1~1.5米处，不远不近。身体姿态要庄重、优雅。站着汇报时，应该身体直立，不可手舞足蹈或在上司面前走来走去说话；如果上级请你入座汇报，才可以坐着汇报工作，还要表示感谢。整体要文雅、大方，说话要彬彬有礼。

在递送资料、文件时，要正面朝向上级，双手恭敬地递送，以便对方观看。

■‖ 汇报工作，要注意时间的控制

汇报工作时，一定要控制好汇报的时间。说话吐字要清晰，条理要清楚。不可东一句西一句，想到哪就说到哪，没有系统性。

在多数情况下，上级有很多事情还需要处理，所以，汇报工作的时间控制在半个小时到一个小时最合适。汇报结束时最好作个小结，重复一下要点。

■‖ 汇报内容要实事求是

汇报的事情不可投其所好，报喜不报忧，更不能歪曲或隐瞒事实真相。提供的情况一定要有理有据，准确、属实。在工作中，也许有投其所好、报喜不报忧的现象存在，但请记住：现在这个竞争激烈、快速发展的时代，并不是所有的领导都喜欢这种方式。

对于上级提出的问题，如果一时回答不上来，不可胡编乱造，应该用笔马上记下来，待事后再作补充汇报。

■‖ 汇报时应注意的一些礼节

如果汇报的事情会占用很长时间，上级又正在办公室会客，或正在开会处理很重要的事情，或休息的时候，最好不要去打扰，要耐心等待。

如果遇到紧急情况，需要上级马上给出一个解决方案，就要及时汇报，以免耽误。

如果上级的语言或行为不注意礼仪，我们不可冲动，仍然要坚持以礼相待。我们可以暗示上级纠正错误，或者直言说明，但得注意说话的技巧。

■‖ 汇报结束后，离开上级办公室也应有礼有节

在离开上级办公室时，要整理好自己汇报时用的材料，或在交流时喝茶水的用具，调整好座椅，说一声"谢谢"再离开。

上级听取汇报的礼仪

作为上级，对自己的下属说话的时候，应少打官腔，语言、声调要亲切、平和，而不是"居高临下"，动不动就当场呵斥，甚至语言带有侮辱性，这是缺乏修养的表现。即使对方是你的下属，但在人格上是平等的。身为上级，在听取下级的请示汇报时，同样也要讲究礼仪。

要守时

听请示汇报的上级，应该在约定时间到达约定地点等候，不能让下属准时到达时还找不到你。有的领导往往把自己放在高人一等的位置，觉得让下属等无所谓，所以想怎么样就怎么样，认为这只是一件小事情，其实这恰恰是你作为领导是否懂得尊重下属的一个细节体现。如果一时到不了，应该致电给下级，推迟时间或另作安排。

遇特殊或紧急情况需要离开，应安排人接待，并作出推迟或改期的具体安排。

注意自己的姿态，树立良好的形象

虽说是下属在你的办公室里汇报工作，不能因为你是领导，就可以随意对待别人。姿态仍要保持端正，不可只听不看，当下属在向你汇报时，要有目光上的交流，要耐心、认真地倾听对方所说的话。因为这是人与人之间起码的尊重。学会尊重别人，跟地位身份高低无关。

遇有疑义，要适当提问

上级在听请示汇报时，如果听不清楚或有疑问时，为了避免产生误解可以随时提问，但要问得恰当。

在方式方法上，要让对方易于接受，乐于回答。提的问题在内容上，一定是与请示汇报内容相关的，不要提及对方的隐私和忌讳，更不要谈及让对方本不愿提及的问题。即使你是上级，也要把生活上与工作方面的事情分清楚。

对于下属请示的问题，一定要作出明确的答复

当下属请示汇报的工作需要你作出处理时，应根据公司现行的实际情况，不管有什么意见，在答复下属时一定要明确，不要模棱两可、含糊推托。对于一些重要的工作，不要推诿责任。

作为上级对有关工作上的承诺，应言而有信，不轻易许诺，若已许诺就应该言必信，行必果，努力办到。若对有些事情无法办到的，对下属也应该说明原

委，求得谅解。要知道，上级的工作需要下属的配合。

■Ⅱ 在听取汇报工作时，一定要让下属广开言路

如果一位领导总是任人唯亲，搞特殊化，对下级有亲疏之分，还习惯听那些阿谀奉承之徒的不实之词，并为其所利用，使其他的下属不能经常地发表自己的意见，这样会使他们对你更疏远，会产生不被你信任的感觉，从而导致工作上上下级之间缺少沟通和理解，阻碍工作的顺利进行。

因此，对给工作提出意见和见解的下属不能存有偏见，尽量让他们广开言路，鼓励他们积极汇报工作实情，这样你会得到你原本得不到的信息。

■Ⅱ 在听取汇报工作时，要努力调整自己的情绪

作为上级，常常要和各种人打交道，要处理各种棘手的问题，如果情绪缺乏稳定性和掌控力，一旦下属汇报的工作事态不尽如人意，那么必然情绪上会反应强烈，难以控制，甚至会在语言和行为上失礼，因此，作为一名高管，必须要学会"克己"，面对各种问题才能保持冷静，妥善处理。

■ 上下级之间的礼节

在办公室里，上下级之间一定要分清楚私交与工作之间的关系。在语言上，私下里朋友之间的昵称不能带进办公室；在举止上，不能因为你与上级关系甚好，就可以有事没事地随意进入上级办公室闲聊；更不能成天只亲近上级而远离同事。不然，在同事们的眼里，展示的是你与上级关系不一般，从而在你面前都会谨言慎行，甚至有可能会认为你靠的是关系而忽视你的工作能力，从而远离你。

工作时遇到问题，无论你的工作有多积极、多努力，都不可越过你的直接领导而去请示更高一层的领导，这是初入职场的新职员容易忽视的一点。在职场，一定把尊重他人放在首位。遇到问题，首先要向你的直接领导汇报，除非遇到特殊情况，否则不要轻易越级汇报工作。这样的举动，对你的直接领导来说，是一种不尊重。从高一级的领导的角度来看，你间接传达的是你的直接领导工作有"问题"，或者让人觉得你有特别的目的，这样的举动会给你的职场带来许多麻烦。

所以，上下级之间一定要学会沟通，懂得尊重，创造一个和谐的工作氛围，这才是提高工作效率的方法。

拜访是商务往来应有的基本礼仪，可以拉近彼此之间合作的关系。作为拜访者，不仅要注重言谈举止，个人的整体热情度也是很重要的，这也是做一个受欢迎的客人的前提。

Lesson 15

第十五堂课

拜访礼仪

作为一位职场人士，经常会有到其他公司拜访的机会，不仅要注重言谈举止，同时一个人的整体的热情度也是很重要的，这也是做一个受欢迎的客人的前提。

拜访前需要哪些准备

拜访客户提前预约

在我们身边，经常有人给对方来个"突然袭击"的造访，打乱受访者的工作计划，很不礼貌。

在决定去对方公司探访前，一定要记得事先与对方打招呼，了解一下对方是否有时间接待，以便对方做些准备。同时还要预约好时间，拜访时间最好由对方来决定。商务性的拜访应该选择对方上班时间为宜。

准备好拜访需要的一切

如果是商务拜访，一定要准备好拜访时用到的材料。出发前再次检查需要携带的物品是否齐全，如：名片、笔、记录笔、现金、合同或产品等。

准备好拜访时该说哪些话题，整理一下谈话的思路。

着装非常重要

拜访者的仪容仪表非常重要，如果衣冠不整，全身上下不规整、不干净，本身透露的就是你不重视对方，这是一次随意性的拜访。

拜访不迟到

一旦与对方预约好拜访时间，不要轻易改变时间或失约。

万一因意外不能按双方约定的时间到达或不能去拜访了，一定要记得事先通知对方。无法通知时，事后应说明情况，避免耽误对方的工作。一般来说，约定了时间，若无其他事情，双方应该严格遵守，并提前几分钟到达。

进入对方公司前需要注意些什么

再次检查自己的仪容仪表

进入对方公司之前，一定要再次检查一下自己的仪容仪表。尤其是在夏季和冬季，注意头发的整齐、妆容的整洁、身体的气味，不能一身灰扑扑的样子就去对方公司拜访，这样有损于个人和公司的形象。

手机一定要调到震动或静音的状态

很多人容易疏忽或忘记这一点。假设你正和对方商讨一项重要的合作事宜，电话却突然响个不停，很容易打断你与对方交流的思路。

再次查看资料是否齐全

进入对方公司前，一定要再次查看资料是否齐全。尤其是名片夹，要放在容易拿取的地方，以免到时候在受访人面前，胡乱在公文包里掏动一番，还找不到自己的名片放在哪个位置，这一点千万不要忽视。

进入对方公司以后需要注意些什么

对方公司的接待人员接待时，拜访人要表示感谢。

在被引领到接待室时，不能像在自己的办公室那样随意。坐姿要规范，公文包放在自己的身边或脚边，外套应放置在合适的位置，不可随意乱扔、乱搭，接待人员递送茶水时，应表示感谢。

在等待过程中，更不可与其他人大声说话或打电话，或乱翻动对方公司的物品。

进入受访人的办公室，一般由接待人员引领进入。如果没有接待人员带领，自己进入时一定要轻叩对方的房门，得到对方的应允，方可进入。

见到受访人时，主动问候和寒暄的同时，递上自己的名片，说明自己的来意。一定要等对方伸出手，有握手之意，方可与其握手。

拜访的对象是相识的老朋友，则不必拘泥于礼节，但毕竟是办公区域，也不要过于随便。在对方的办公室内想要吸烟要尽量克制，免得满屋子都是烟味，更不可随意乱翻人家的办公室物品。

注意自己的姿态。行为要大方得体。面对受访者，要站有站相，坐有坐相。受访者没有坐下，自己不能先坐下。

拜访时间不宜过久，应该掌握好时间，更不能滔滔不绝，聊起来没完。要注意观察受访者的表情举止，谈话要适可而止。如果受访者有结束会见的表示时，应立即起身告辞。拜访时间最好不要超过一个小时。

■ 拜访结束时需注意些什么

■ 拜访人应该主动结束交谈

按拜访礼仪，拜访人应该主动结束交谈，可以用一些动作示意即将结束此次拜访。比如：可以把交谈用的文件轻轻收拾好，或者把对方的名片慢慢放进名片夹内，然后慢慢起身，并伸手向受访者握手，表示感谢。

■ 告辞时，要向对方表示感谢

结束拜访时，一般受访者都会送客人到办公室门口或公司的办公区门口、电梯口，拜访者应该请对方留步，对引领你的工作人员表示感谢。

■ 家庭拜访礼仪

如果是私人性质的家庭拜访，需要注意以下几点。

■ 要提前预约，不可贸然上门

时间约定后，最好不要早到或迟到。没按约定时间登门，早早就来到别人家里，给受访人一个措手不及，双方都会显得尴尬。迟到，或因特殊情况不能按时到达，一定要给对方一个电话，说明晚到的原因。

■▌ **拜访时，可带一些小礼物登门**

如果是初次登门拜访，可以为主人带一些小礼物。在中国，大部分人习惯携带水果送给受访者。除此之外，我们还可以送鲜花、一盒精致的水果糖、一瓶好喝的葡萄酒、一本畅销书、一张好听的音乐碟，等等。

小贴士

如果受访人家里有小朋友，我们可以带一些儿童玩具作为礼物，都是不错的选择。

■▌ **进门前学会通报**

到了受访人家门口，要懂得按门铃或是敲门，这是礼节，更是对受访人的尊重。万不可大声呼喊受访人的名字作为通报。

特别提醒

按门铃的方式

先按一下（有的门铃就会连续响几声），如果屋内没有反应，再按一次。那种按住门铃不放，弄得铃声持续不停地作响的方式，暗含催促之意，是不太合乎规范的。现在门上都安有"猫眼"，按完门铃后，要从开门者视觉角度考虑一下，调整好身体的站位，站在"猫眼"的正前方，不远不近，这样屋内的主人就可以通过"猫眼"看到拜访者的脸了。

敲门的方式

用食指和中指，一次持续三下，如果屋内没反应，再持续敲三下。万不可使劲捶门，大声呼喊开门，这都是不合乎礼节的。

▉▍ 进门要记得换鞋

去别人家里作客，进门要记得脱鞋。不可把鞋穿进屋内，带入鞋底的尘土，女性的高跟鞋底还有可能破坏主人家的地板。所以，脱鞋就会露袜，一定要保证你的袜子是干净、无破损、无异味的。

▉▍ 进门要寒暄

如果是初次拜访，要主动自我介绍，与主人及其家人握手、问好。

进屋后要把厚厚的外套、帽子、手套脱下放置好，如果戴墨镜，也要摘下来。

▉▍ 卫生间的使用

如果短时间拜访，尽量避免使用主人家里的卫生间。

如果主人家里有两个卫生间，在必须要使用的情况下，也要避免使用主卫。

▉▍ 不可随意进入主人的卧室参观

在别人家里作客，是有一定的活动区域限定的。最大的禁区就是主人的卧室，不能随意进入参观。卧室是很私密的地方，除非你跟主人关系很熟悉。一般在会客厅就座即可。

▉▍ 不随意翻动物品

对主人家里的物品不要随意翻动。对屋内观赏性的饰品，可以稍作赞美，不可妄加评论。

▉▍ 茶饮礼节

主人斟茶倒水，不能一滴不喝，多少要表示一下。同时别忘了"喝茶要赞茶"的礼节！

■ 控制好拜访时间

去别人家里拜访，要控制好时间。目的性的拜访，话题要明确；如果是礼节性拜访，话题也要轻松，不能聊起来没完没了。毕竟受访者还会有其他的事情安排。

小贴士

临时性拜访控制在15分钟，一般不要超过2个小时。

■ 拜访时创造一个轻松的氛围

去别人家里作客，要做到"客随主便"，不要过于随意，也不要过于拘谨，不失礼节，自然为宜。

公司里的会客接待工作看似简单，可接待人员的言谈举止，直接体现着公司的管理水平、服务水平以及与客户之间的合作精神。如果你是接待人员，尽你最大的努力做好它吧！

Lesson 16

第十六堂课

会客礼仪

■ 办公室的环境

办公室环境是每一个企业的管理体系的一种外现。

从公司的前台接待到办公区域的每一个角落，都应该干净、整洁。办公室内要保持空气清新。

容易被忽视的地方，比如不需要的纸屑一定要扔进垃圾桶内，桌面一定要保持干净，不能有灰尘等。

■ 接待时的茶水、用具的准备

在接待客人时，绿茶、红茶、咖啡、热冷水或矿泉水，都要准备好。

茶具应该是瓷杯，因为这样的材质不仅不烫手，而且显得很正规。当然茶杯必须每次经过严格的消毒后再使用，不要疏忽这一点。有的公司接待客人爱用一次性纸杯，虽说给人感觉好像很方便，等客人离开后还不用清洗，但从礼仪的角度来讲，不符合规范。

■ 接待礼仪

来者皆是客，拜访者只要进入公司，接待人员应主动微笑相迎，表示欢迎。尤其是前台接待人员，一定要起立相迎，礼貌地问明客人的身份和来意。根据客人的身份、来意，请客人到接待室交谈。

对没有预约的客人，应该与有关的工作人员取得联系，如果对方不便接待或因某种原因不予接待的客人，应该有礼貌地向其说明情况，不可直接把客人晾在一边不管，或态度冷漠。

如果客人到来时，要拜访的我方负责人不在时，要明确告诉对方负责人受访人的去向，以及何时回来。若客人愿意等，应该向客人提供饮料、杂志，如果可能，应该隔一段时间就为客人续茶水。

对有预约的客人，引领到接待室等待，或得到受访者的同意，直接引入受访者的办公室。如果来访者需要与领导或其他人员会谈，应请客人到适当的谈话场所并为他倒好茶水再离开，临走时应向客人致意。

接待人员在给客人倒茶水时，首先应征求客人的意见，需要热饮还是冷饮，喜欢喝茶还是咖啡。

茶水温度要适中。倒茶时，注意倒"浅茶"，杯子的七分满即可。递茶水时，应该从来访者身份最高的那位开始，如果不清楚客人的身份，则应该从上席的位置先上茶，或者给你不熟悉的客人先倒茶。

在引领客人时，如在走廊里，应走在客人左前方几步。转弯、上楼梯时，要回头以手示意，有礼貌地说声："请这边走。"

乘电梯时，如电梯有值班员，要请客人先进；如无值班员，应自己先进去，然后让客人进。到达时都要让客人先出。

到达接待室或领导办公室门前时，要对客人说："这里就是。"如是领导办公室，要先敲门再进。门是向外开的，要主动拉开门，请客人先进；向里开的，则自己先进去，按住门，再请客人进入。

当客人与领导见面时，要进行介绍。介绍时一般先把年纪较轻、身份较低的一方介绍给年纪较大、身份较高的一方，把男士介绍给女士。

介绍完毕后，应主动退出领导办公室。

礼貌送客

送客时，应主动为客人开门。把客人送到合适的地方道别，一般送到公司的门口即可。对远道而来的客人，根据实际情况，还应该送到机场或火车站。

公司里的接待工作看似简单，可接待人员的言谈举止直接体现着该企业的管理水平、服务水平以及与客户之间的合作精神，如果你是接待人员，尽你最大的努力做好它吧！

前台接待岗位要求

作为公司的领导，不要忽视了前台接待这个岗位上工作人员的素养。前台接待人员的仪容仪表、言行举止、礼貌礼节，不仅仅是接待人员自己的生活态度，更展示了公司的整体形象。对于初次来公司的外单位人员来说，前台工作人员是公司形象、企业文化最直接、最直观的宣传。

前台接待看似简单，却是一个特殊的岗位。注重的是工作人员的综合素质，所以要规范做到：

仪容仪表要符合职业要求，发饰、化妆、衣着要力求端庄、稳重、大方。

言行举止要规范。站、坐、行、引领等肢体动作不夸张，优雅得体是最佳的表现。

待客热情有度。因为只有热情才能体现诚意。你的热情和你的冷漠，都有可能带给公司利益和损失。

说话要拿捏分寸。接待过程中有问必答是基本要求，但措辞要谨慎到位、有礼有节。

一次精心安排的欢迎，能使来宾产生良好的第一印象；一次周到圆满的欢送，会给来宾留下美好难忘的回忆。

Lesson 17

第十七堂课

接待礼仪

有远道而来的客户来访，作为一名公司负责接待的工作人员，如何确定客人的迎送规格，应根据应邀客人的身份、到来的目的、性质和时间长短等因素，做一个周到的接待计划。

一是确定由谁去迎送。一般要请与来访者级别相当的人员代为迎送。

二是确定住宿的规格。可根据因公出差开支标准安排，不要过高，也不要过低。

三是要安排好车辆。安排什么车型，要根据对方的人数，行李多少，以及对方身份确定。

四是准备好接待的各种物品。

具体的要求如下。

▉ 做好迎接客人的准备

准备好水牌。对远道而来的客人，须提前去机场、车站、码头等候客人，避免客人久等或迷路。

提前安排好客人住宿的酒店、饭店。

为帮助客人尽快熟悉当地环境，可准备一些有关资料提供给客人查阅，如城市简介、交通图、游览图等。

▉ 热情迎客

客人走下车、船、飞机时，主要迎接人员应走上前去欢迎、握手、问候。

如果双方从未见过面，迎接人员应举起提前制作好的水牌迎接。

如果没有准备水牌，相互间电话联系沟通时，要说清楚你在什么地方恭候，还可以说一个让对方能识别你的特征。

如果接待的是贵宾，有必要的话，接待人员可以联系机场、火车站的要客部门，准备鲜花并引领贵宾到贵宾室稍作休息。

接到贵宾以后，由礼宾工作人员将主人介绍给来宾，再由主人向来宾一一介绍前来的其他迎接人员。介绍后稍事寒暄。

◼ 陪车礼仪

如果陪客人同乘一辆车，首先要为客人打开轿车的右侧后门，并以手掌挡住车篷上沿，提醒客人不要碰头。等客人坐好后，方可关门。最后，接待人员应绕道车尾从左侧后门上车。

抵达目的地时，接待人员要先下车，从车尾绕过去为客人打开车门，以手挡住车门上框，协助其下车。

①　②　③

陪车时该如何入座呢？这还要看驾驶员是专职司机还是主人。

◼ 如果驾驶员是专职司机

● 车上最尊贵的位置是后排与司机的座位成对角线的座位，即后排右座。

主次尊卑次序是：后排右座、后排左座、后排中座、前排右座。

● 当下级与上级同乘一辆车时，下级不要与上级并排坐在后排，应自觉地在前排副驾驶的座位上就座。

● 若以个人的私交同乘，下级可以坐在后排左座上，而请上级坐在后排右座。

双排5人座轿车

双排6人座轿车

三排7人座轿车

三排9人座轿车

如果驾驶员是主人

轿车前排的副驾驶的位子是上座。

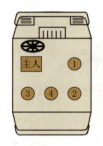

双排5人座轿车

双排6人座轿车

三排7人座轿车

三排9人座轿车

小贴士

如果客人坐错了座位顺序怎么办

乘坐轿车要遵从"主随客便",只要不是参加非常重要的活动,如果客人做错了座位,不用过分墨守成规,只要客人觉得合乎礼仪,我们就遵从客人的本意。

客人下榻

客人到达下榻处后,接待人员不宜久留,以便客人休息。离开前,可以送上事先安排的日程表,并征求客人的意见。

安排拜访

客人安顿好后，主人应登门拜访。拜访的时间不宜过长，因为这是礼节性的拜访，寒暄后，问问对方有什么需要帮助等即应告辞。

宴请

首先要征询客人的意见，包括宗教、民族饮食禁忌，爱吃什么、不吃什么，都要考虑进去。如果疏忽这一点，到时候点一大桌子菜，客人吃得却很少，自己还不知道是何原因。

送客

送客是公务迎送的最后环节。

首先，协助外地客人办好返程手续。准确掌握好客人离开本地的时间、乘坐的交通工具。提前为客人预订好车、船、机票后，尽早通知客人，让客人做好返程的准备。

如果客人坐的是火车、船，接待方可以为客人准备一些途中吃的食品。

其次，在客人离开的当天或前一天，接待方要专门为客方举行一次饯别宴请。

临别前一天送行，应到客人的住地，热情、诚恳地向客人表达一下惜别之情，征求一下客人的意见，询问一下客人还有什么困难需要帮助解决，等等。视情况而定，有时可以向客人赠送一些纪念性礼品，最后别忘了向客人道别。这样做到有礼有节，会使对方产生备受重视的感觉。

客人返程的当天要送行，一般应送到车站、码头或机场，陪同客人候车、候船或候机，直到客人离开后自己再离开。

如果自己不能亲自前往，应向客人说明原因，表示歉意。

"礼尚往来""借物抒情"，是沟通感情的一种重要方式。

如果礼品独出心裁，富有创意，令人耳目一新，更是人与物的密切"合作"的体现，能提升整个馈赠的品位与境界。

Lesson 18

第十八堂课

商务馈赠礼仪

在中国，自古以来人们信奉"礼尚往来"的道德行为规范，它更是人际交往、社会关系的重要手段。中国馈赠礼仪有一个复杂的文化体系，送礼物要因人、因事而异，分为百姓人家的馈赠，国事之间的馈赠，节庆、节令时节的馈赠，人生历程中的致喜、庆贺，问候的馈赠，家族亲属之间的馈赠，同事之间的馈赠，补偿性的馈赠，回报式的馈赠和民族间的馈赠。

■ 礼品的选择

■ 实用性

送礼要考虑到对方的实际需要。送的礼品要有助于对方的生活、学习或工作等，或是有助于对方的某种爱好。

■ 纪念性

大部分礼品不在于它的价格，如果有纪念意义，那也是不错的礼物。

■ 独特性

送礼不要千篇一律，要有独特性。

■ 馈赠的禁忌

■ 不能送违法的物品

凡涉及泄露国家机密、公司商业机密的物品或枪支、毒品等，这些都是违法的物品，不可作为礼品赠送。

■ 不能违规送礼

因公收受礼品，会有受贿之嫌。所以不要违规"走后门"送礼，让对方为难。

■ 不能送对方犯忌的礼品

比如：在中国，对老年人忌讳送"钟"，与"终"谐音；恋人之间不能送

"伞"，与"散"谐音。对台湾客人，不能送剪刀，有"一刀两断"之意；不能送手帕，因为手帕是用来擦眼泪的。对来自阿拉伯国家，信仰伊斯兰教的客人，不能送酒；素食者不能送肉食类食品。西方人忌讳送保健品、药品等。高血压的人不能送高胆固醇的食品。除了古董之外，不能把自已用过的陈旧的、淘汰的物品当礼物送给别人。

不能送印有广告标志的物品

在中国，很多公司喜欢把一些印有公司标志或广告语的公务礼品，当成个人礼品送给别人，其实，这是很不规范的，会给人一种免费让别人做广告的感觉。

送礼时常犯的错误

送礼没有包装

送礼一定要有包装，否则会给人一种随意敷衍对方的感觉。

小礼品、大包装

包装盒越大，给人的感觉礼物也很大，如果里边只是装着小礼品，是很不礼貌的。

▓▌ 送礼不讲场合

送礼一定要注重场合、时间，不能在别人上班的时候，把个人礼物当着其他工作人员的面送给对方。这样不仅干扰工作，还会造成行贿之嫌。

▓▌ 偷偷摸摸地送礼

送礼不可偷偷摸摸地进入别人屋里，放下礼物，支支吾吾说不明白送礼的目的；或压根就不说送了礼物，悄悄地把礼物放在对方平时注意不到的地方，比如墙角、桌子下面等，搞得神神秘秘，一点都不大方。

▓▌ 礼物上留着价格标签

对于送出去的礼物，应将礼物的价格标签撕毁，更不要在送礼时提及它花了多少钱。这一点，在中国绝大部分人却是反着做的，这对于西方人来说是不能理解的。

特别提醒

给病人送礼要考虑对方的身体

如果给病人送礼，一定要注意对方的身体。如看望呼吸道疾病患者就不能送花，以免花粉、花香使病人病情加重。花的颜色也要注意，对于中国人来说，不能送病人白色的花，让人觉得很晦气。

▓▌ 接受礼物的礼仪

▓▌ 注意方式

要双手接捧对方递过来的礼物，同时要面带微笑。

对收到的礼物一定要表示喜欢和谢意，切忌第一句话就问"这东西很贵吧"或当场表示不喜欢。

小贴士

中国人在收到礼物时，一般是不习惯当场拆开礼物包装的；而面对西方朋友送的礼物，我们一定要当场拆开礼物的包装。

■ 对收到的礼物要妥善保存

朋友送的礼物，双手接过后，切忌随手把礼物丢在一边，这是表示对礼物的不喜欢或是对送礼人的不屑。

同样，接到下属送的礼物，随手把礼物丢在旁边，会有故意摆架子的嫌疑。或许你原本无心而为，但会使送礼物的人产生一种不受尊重的感觉，容易引起误会。

■ 不能将礼物很快转送给别人

如果收的礼物确实是自己用不到的，转送给别人时，应尽量送给与送礼人不相识、距离远的人。

■ 要懂得"礼尚往来"

商务交往中，别人送给你礼物，一定要懂得"礼尚往来"。特别要注意的是，回礼的价值要同对方送给你的礼物价值差不多。

第一次见面，别人送给你一件高档礼物，你却回送一件极其便宜的礼物；对方送给你一件小小的礼物，你却回送一份贵重好几倍的礼物，都不可取。

■ 懂得拒收礼物的方式

如果因为违反了规定，不能收受礼物，应该向送礼人说明理由。对于通过邮寄方式，又不想接受的礼物，一定要尽快退回。

■ 鲜花寓意

鲜花作为礼物已经成为人们生活中常见的一种方式。节假日里、情侣之间、走亲访友等，一束鲜花表达着一种爱意，一份祝福。

但送花是有讲究的，不可盲目乱送。因人因地，鲜花的品种、色彩、数目、搭配的不同，表示的意思就会不同。

▌ 品种寓意不同

鲜花的寓意在东西方是有差异的。比如：菊花在中国传统礼仪中深受老百姓的喜爱。在九九重阳节这个传统节日里，人们除了登高望远，还有观赏菊花、喝菊花酒的习惯。而在西方国家，菊花只能在葬礼上出现，以表对逝者的哀思。在日本，菊花却是皇室专用花。

在德国忌讳送郁金香，因为代表无情之意；但它却是荷兰、比利时的国花，代表着博爱。

在中国沿海地区，如广东、海南、福建、香港等地，尤其是做生意的人，忌讳送梅花，谐音"没花"之意；忌讳送茉莉花，谐音"没利"之意。

中国南方和东南亚一带的人，过年的时候可以送桃花，认为桃花能辟邪，有好运将至之意。还可以送银芽柳，代表"银条"。这一地区的人们对大丽花也很喜欢，因为有"大吉大利"之意。喜欢金钱橘，代表财运亨通；还喜欢剑兰，在香港又叫步步高，代表事业顺利。

同时，在节假日里，每个地方用花也不一样。如，中国在端午节，南方人喜欢在家里摆上灵芝、艾草；中秋节在家摆放桂花；元旦节喜欢摆放芍药和红色的花。生男孩时，庆贺可送蓝色的小石竹；而生女孩时，可送粉红色的小石竹。

■■ 色彩寓意不同

中国人在喜庆场合都用红色鲜花，避讳用白色花，认为不吉利。但在西方，婚礼用花都是白色，代表纯洁。

小贴士

> 虽说中国人一般不太喜欢白色的花，但唯独对白玉兰情有独钟，认为白玉兰代表高洁。所以上海市的市花为白玉兰。

西方人不喜欢黄颜色的花，但唯独喜欢向日葵，因为它代表崇敬、光明。所以，画家凡·高的《向日葵》受到很多人的喜爱。

在巴西，忌用绛紫色的花，因为他们经常把紫色的花用在葬礼上。

在西方，玫瑰代表爱情，但不同的颜色有不同的寓意。粉色代表初恋，红色代表热恋，黄色代表道歉，白色代表纯洁的爱情，而白红互搭代表分手。

■■ 数量寓意不同

在西方，大部分国家送花喜欢送单数，但唯独不喜欢"13"，因为13是不吉利的象征。

而中国却喜欢双数，讲究"好事成双"！

邀请有很多方式，每一种都不能忽视细节。重要的是不要失去对对方的尊重和诚意！

Lesson 19

第十九堂课

邀请礼仪

邀请方式

电话邀请

打电话邀请在时间上来说是最快的，可以当时就能得到回复。

写信

现在对于重要的宴请，写信联系似乎太慢了，不过对于一些大型的活动，如学术交流等，可用这种方式。

E-mail 邀请

如果你邀请的朋友很多，没有时间一个一个打电话、寄邀请卡，这种方式最好。当然，随后你一定要再次确认你的邮箱是否收到对方的回复信。在发邀请时，内容要简单明了，没有错别字。

寄邀请函

一般正式的大型活动，都应发邀请函，以示郑重和礼貌，也可起到提醒、备忘的作用。如果寄邀请函附上回执就更正规了。

邀请函要适时发出

一般要提前两周发出邀请函。不可过早或过晚，过早容易在情况有变动时造成更改，过晚又往往会令对方措手不及。另外，还要考虑受邀人的地域范围，距离远的要早一点发出，距离近的则可稍晚发出。

在邀请函发出之前，一定要再次与领导确认，并和有关活动的场地的举办方取得联系确认。

发出邀请函之后，也应该告知领导。

邀请函的内容

写在邀请函上面的内容包括：①宴会的性质；②宴会的日期、时间；③宴会中的活动项目；④宴会的地点要具体标明至哪个厅；⑤真诚地请对方准时光临。

例一：邀请函方式之一

邀请函

××××公司
××总裁

诚挚邀请您参加我们公司举办的晚会

时间：×年×月×日星期三晚上八点

地点：××酒店××厅

请尽快回复给××

电话是：

着装要求：正规服装

注：在邀请函的背面可以附一张交通图。

邀请函的回执

邀请人的姓名：×××

能

不能

（参加××××公司举办的晚宴）

（×月×日）

例二：请柬方式之一

请　柬

××先生（女士）：

　　谨定于×年×月×日（星期×）下午×时在××××举行晚宴

　　　　恭候

　　光临

××××公司董事长××先生

如不能出席　敬请赐复为盼

电话：××××　　　衣着：正装

例三：英文邀请函方式之一

The General Manager , M . L . Zhang , and Staffs
of
Bei Jing Restaurant
Requests
the Pleasure of Your Company
at the 8th Anniversary Banquet
at 19 : 00 pm. on 8 Augest 2011
In their restaurant

RSVP(regrets only)
Miss Kitty Yang
Tel :

英文邀请函上全用第三人称以示正式。如某某先生、夫人，邀请某某先生、夫人等。

特别提醒

在发邀请函之前，必须要做的一件事情就是，提前认真查询、确定被邀请人的姓名、职务、称呼方式和对方公司的地址，做到准确无误。这看似小事情，如果真出了错，对方很可能会认为你，甚至你们的公司做事不严谨、邀请没诚意。

对于邀请函的内容，根据举办活动的性质，每一句话都要斟酌一下。力求简单、明了，既要体现敬意，又要展示诚意、专业和热情，更不可出现错别字和语法错误。

请记住，一张邀请函不仅仅是一张信笺，同时还展现了公司的形象。

▉▊ 邀请函的色彩

在中国，邀请函内侧以红色为主的比较多，也可以采用其他颜色，但不能用黑色。

在邀请函上写字时，一定要用黑、蓝墨水的笔，不可用红色、紫色或其他颜色。

▇ 回复礼仪

在商务交往礼仪中，如果收到朋友、合作伙伴的邀约，不论自己能否参加，都必须及时地进行回复。

回复接受邀约与否的时间，以接到邀请卡三日内最佳。

以下几种回复的方式是比较快捷的：

其一，如果对方的邀请卡上附有回执卡，那么就按照规范填写。

其二，电话回复。

其三，邮件回复。

无论是电话回复，还是写回函发邮件，首先应该对邀请者表示感谢；对能否参加，一定要作出明确答复，不可模棱两可。

如果接受邀请后，就不要失约，务必要到场！一位有良好的礼仪修养的人士，一定会认真对待邀请函上"敬请赐复"这四个字，而绝不会无故失约。如果不能参加，也要回复，说明理由即可。

如果一位公司的高管在公司或别的活动中无故缺席，不仅会破坏个人的形象，也会有损公司的声誉。

以下列举了邀请回函的示例，可做参考。

接受邀请回函示例：

> ××公司董事长××先生：非常荣幸地接受您的邀请，我将于×月×日（星期×）下午×时准时出席贵方在××××举办的晚宴。

拒绝邀请回函示例：

> 尊敬的××先生：
>
> 　对于您的邀请，我深表歉意。由于本人×月×日将飞往××市洽谈工作，故无法参加您邀请的晚宴。
>
> 　恭请见谅！谨致谢意。
>
> 　　　　　　　　　　　　　　　　　×××　敬上
> 　　　　　　　　　　　　　　　　　　×月×日

新闻发言人要时刻做到有礼有节，面对一些尖锐的问题，能答则答，不能答则巧妙回避，或直言无可奉告。无论如何，不能恶语相向，或者没有礼貌地打断对方的提问，给人留下不好的印象。

Lesson 20

第二十堂课

新闻发布会礼仪

新闻发布会有时也称记者招待会。

新闻发布会的形式就是：

由某一单位或几个相关的单位出面，邀请相关的新闻界人士，举行一次会议，宣布某一消息，说明某一活动，或者解释某一事件，争取新闻界对此事进行报道，并且尽可能地扩大传播范围。包括会议的筹备、媒体的邀请、现场的应酬、善后的事宜四个主要方面的内容。

■ 发布会筹备的礼仪

■ 主题的确定

新闻发布会的主题确定是否得当，往往直接关系到本公司的预期目标能否实现。

主题可以是发布某一消息、说明某一活动或解释某一事件。

■ 时间的选择

■ 有四个时间需要注意

避开节日与假日。

避开本地的重大社会活动。

避开其他单位的新闻发布会。

避免与新闻界的宣传报道重点撞车或相左。

■ 最佳时间

选择周一至周四的上午10点至12点，或是下午的3点至5点左右。在此时间内，绝大多数人都能方便与会。

会议时间应当限制在2个小时以内。

■ 地点的选择

除了可以考虑本公司所在地、活动或事件所在地之外，还可以优先考虑影响巨大的中心城市。可以选择酒店的多功能厅或当地最有影响的建筑物等。

选择地点需要考虑：交通要方便；条件要舒适；面积要合适。

人员安排

按照常规，由主办单位的公关部部长、办公室主任或秘书担任主持人。但有些活动要慎选主持人和发言人。

主持人的基本条件：具有良好的仪容仪表、见多识广、反应灵敏、语言流畅、幽默风趣、思维敏捷、记忆力强、彬彬有礼。

会议现场的礼仪接待工作

礼仪接待人员

依照惯例，最好是品行良好、相貌端正、工作认真、善于交际的年轻女性担任礼仪接待人员。也可以精选本公司的女性工作人员，或者请专业学习过的礼仪人员担任。

统一制作工作人员的姓名胸卡

为了宾、主两便，主办单位所有正式出席新闻发布会的人员，均须在会上正式佩戴事先做好的胸卡。内容包括：姓名、单位、部门和职务。

材料的准备

发言提纲

发言提纲一定是由本公司有关人员商议后得出的全面、准确的内容。

问答提纲

对有可能被提问的主要问题进行预测，预备好相对应的答案，目的就是使发言人心中有数，必要时作为参考。

宣传提纲

打印出有关资料、图片为主要的宣传提纲。

在提纲上印上单位名称及联络电话、网址、传真号码，以供新闻媒体核实用。

把提纲提供给每一位外来的与会者。

辅助材料

有条件的情况下，预备一些视听材料，例如：图片、照片、事物模型、录音、录像、影片、幻灯、光盘等，以供与会者利用。

会前或会后，可安排一些必要的参观或展览、陈列（既不造假也不能泄露商业秘密）。

■ 发布会现场应酬的礼仪

在新闻发布会正式举行的过程中，要把种种这样或那样的确定和不确定的问题考虑进去。

特别要求主持人、发言人要注意以下几点。

■ 注意外表的修饰

主持人和发言人是主办单位的代言人，对仪表一定要事先进行慎重、认真的修饰。

根据新闻发布会的内容，要慎选服装。最好是选择端庄大方的正式服装。

■ 注意会场上的交流方式

发言人的任务就是发言、答复提问。

如果发言人有很多，事先必须做好内部分工，否则会出现抢着说或冷场的现象。

主持人、发言人须统一口径，彼此支持，不许互相拆台，这是非常重要的。

当发言人难以回答新闻界媒体提出的问题时，主持人要设法转移话题，不使发言人难堪。

主持人邀请某位新闻记者提问，发言人一般要给予对方适当的回答。

■ 注意说话分寸

面对一些尖锐的问题，发言人能答则答，不能答则巧妙回避，或直言无可奉告，不论如何，要做到有礼有节，不能恶语相向，或者很没礼貌地打断对方的提问，给人留下不好的印象。

■ 注意言行举止

新闻发布人在前台面对的是媒体，一言一行都会被记录或公布到社会大众群体中去。所以，除了语言上要十分谨慎外，动作要优雅，不可姿态懒散、摇头晃脑，或用一些不雅的手势语。作为发言人，在整个新闻发布会上都要注意自己的言行举止的展示。准备发言时，要向台下的观众或媒体欠身致意，说话的表情不夸张不造作。发言完毕，欠身致谢！

◼️ 懂得相互尊重和宽容

站在台上，面对台下媒体镜头和观众，要懂得谦虚，只有这样，才能换回别人对你的尊重。万不可因身份、地位不同，摆出一副高高在上的架势，发言说话不真诚，打官腔，这样往往会招来更多的麻烦。

面对台下媒体记者提出的刁难问题，我们可以用较为委婉的方式回答，但不可面露怒色，或用语言攻击对方、谩骂指责或是摔话筒，甚至中途离场而去。不过，这种场面在我们的生活中也是屡见不鲜了。

作为台下的听众，也得懂得尊重前台的发言人。除了做好记录之外，对发言的内容有疑义时，不可中途打断发言人说话，更不可故意拆台。其实在现场，可以通过另一种恰当的、温和的方式提出异议，获得解答。

◼️ 追踪新闻媒体反应的礼仪

◼️ 及时了解媒体反应

有关人员在新闻发布会后，一定要及时去了解新闻界的反应。

◼️ 收集、整理有关资料

收集包括在电视、报纸、广播、杂志等媒体，所有公开发表的有关此次新闻发布会的消息、评论和图片等。

把有利的报道、不利的报道、中性的报道整理出来。

◼️ 对负面的信息，不能不了了之，要采取补救措施

新闻媒体报道之后，对于失误或误导产生的负面影响，都要积极采取一些必要的对策补救。

在实际工作中，签字仪式既要郑重其事，又要合乎规范和惯例的程序。在不同国家和地区，仪式会有所差别，要尊重对方的习惯，尊重东道主的安排。

Lesson 21

第二十一堂课

签字仪式礼仪

商务签字仪式是商务活动中的合作伙伴就商务合作、商品交易或某种争端达成协议或订立合同，由各方代表在有关协议或合同上签字的仪式。

准备礼仪

确定参加人数

一般来说，双方人数应大体相等。

主要签字人员的级别也大体相同。

准备待签文本

由举行签字仪式的主方负责准备正式文本。

文本由白纸印刷而成，要质地精良，封面的质地要高档。

按大八开的规格装订成册。

场地选择

场地视人员规格、人数多少、重要程度来确定。

可选择客人所住的酒店或东道主的会议厅、会客室。

想在社会上造成一定影响，可以选择在新闻发布会中心或著名会议、会客场所举行；不愿公开的，可在僻静的场所举行，加强门卫警戒，防止不速之客到访。

特别提醒

是否邀请新闻界采访，需要双方商议，统一意见后方可邀请。

任何一方擅自决定，都是失礼行为。

场地布置

- 总原则是庄重、整洁、清净。
- 一间标准的签字厅，应当在室内铺上地毯，除了必要的签字用桌椅外，其他一切的陈设都不需要。

● 设置长方桌作为签字桌，其上最好铺设台呢（注意双方的颜色禁忌）。按照仪式礼仪的规范，签字桌应当横放。

● 签字桌面上有各自保存的文本，上端分别放置签字笔、吸墨器。桌后放两把椅子（面对正门：主左客右。）

● 签署多边性合同时，可以仅放一把椅子，签字人签字时轮流就座，也可为每位签字人都各自提供一把座椅。

● 与外商签署商务合同时，在签字桌上插放有关各方的小型国旗。

插放国旗时，在其位置与顺序上，必须依照礼宾序列而行（以右为尊）。

例如：签多边文本时，有关各方的国旗须插放在该方的签字人座椅的正前方。

再如：签署多边性合同、协议等时，各方的国旗应按照一定的礼宾顺序插在各方签字人的身后。

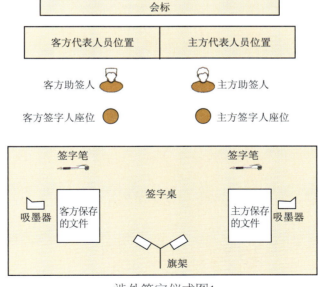

涉外签字仪式图1

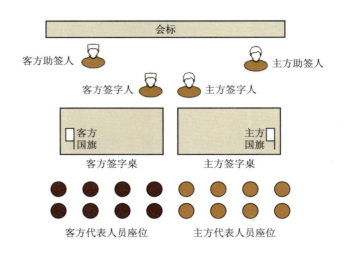

涉外签字仪式图2

▊▍ 规范签字人员的服饰

签字人、助签人以及随员在出席签字仪式时，应当穿着正式的深色西装、中山装或西服套装裙。

礼仪人员可以穿自己的工作制服，或是旗袍一类的礼仪性服装。

▊▍ 程序礼仪

▊▍ 签字仪式开始

- 双方签字人员步入签字大厅。

- 签字者入座（主左客右）。

- 客方陪同人员自左向右排列，站立在各自签字人的后方，或坐在己方签字人的对面。

- 主方陪同人员自右向左排列，站立在各自签字人的后方，或坐在己方签字人的对面。

- 双方助签人员则分别站在己方签字人的外侧。

▊▍ 签字人签署文本

- 助签人员协助翻开协议文本→指明签字处→递上签字笔→请签字人签字。

- 签字人在各自保存的合同文本的左边首位处签字。
- 然后由助签人员传递、交换文本。
- 签字人再签署对方保存的合同文本。

小常识

什么是"轮换制"签字

　　每个签字人首先签署己方保存的合同文本，然后再交由他方签字人签字。按惯例，签字人在己方保留的合同文本上签字时，应当名列首位。这一做法，礼仪上称为"轮换制"的签法。

　　含义：在位次排列上，轮流使有关各方均有机会居于首位一次，以显示机会均等，各方平等。

- 签署完毕后，双方交换合同文本。
- 此时，各方签字人应热烈握手、互致祝贺。
- 双方签字人相互交换各自一方刚才使用过的签字笔，以表纪念。
- 全场人员应鼓掌，表示祝贺。
- 交换完毕，礼仪人员用托盘端上香槟酒，供全体人员举杯庆贺，这是国际上通行的做法。
- 由双方签字人、主谈人和最高领导人相互碰杯庆贺签字的顺利进行。

喝香槟酒，一般象征性地抿一口，表示一下即可。

结束礼仪

有秩序地退场

一般先让对方最高领导人退场，然后是客方来宾退场。

清理会场

主方人员退场后，工作人员或东道主清理签字仪式会场。

总之，在实际工作中，签字仪式在不同国家、不同地区有不同的做法，要尊重对方的习惯，尊重东道主的安排。

在谈判中，人与事要分开，对"事"要严肃，对"人"要友好。对"事"不可以不争，对"人"不可以不敬。

Lesson 22

第二十二堂课

商务谈判礼仪

环境的布置

商务谈判举行的地点有四种

客座谈判——在对方所在地进行的谈判。

主座谈判——在我方所在地进行的谈判。

客主座轮流谈判——在谈判双方所在地轮流进行的谈判。

第三地点谈判——在不属于双方任何一方的地点进行谈判。

谈判场地通常由东道主选择和布置。虽说这会给东道主带来一些谈判上的优势，但一定要在各个方面把礼仪做到位。在环境的布置上，可以适当把公司的实力和信誉展示出来，但不要过于夸张。

反过来，如果你是客方，在心理上，不要被对方豪华的办公室给镇住！那只是表面而已，否则这场谈判，你已做了第一次让步了！

室内的布置

光线的调节

如果室内是自然光源的话，窗户应该有纱帘，以防强光。如果谈判利用的是室内灯光，光线尽量柔和一点。

声响的控制

谈判的场地应该保持安静，附近也要安静些。谈判间的门窗隔音性能要强，附近最好没有电话铃声。工作人员的脚步声要轻、说话声要小，以免造成干扰。

温度的调节

室内最好使用空调机和加湿器，以使空气的温度和湿度保持在适宜的水平。

夏季温度保持在24℃~25℃。

冬季温度保持在20℃~22℃，相对湿度在40%~60%之间是最合适的。

色彩的搭配

室内用具、门窗、墙壁的色彩要力求和谐一致，陈设安排应美观，留有较大的空间。

■Ⅱ **装饰的要求**

简单合适的沙发配以适当的工艺品、花卉、标志物即可。装饰不宜过多，以实用为主。

■Ⅱ **谈判桌的要求**

谈判桌的布置应该合理、恰当，否则从心理上会影响谈判的进程。

通常有以下几种摆法：

方桌，双方对面而坐，正规、严肃，但缺乏轻松活泼的气氛，给人以对立感。

圆桌，双方团团而坐，给人以一种双方供求一致的印象。

一般情况下都是双方人员各自坐在一边，这样不仅有助于各方内部商议事情、查阅材料，而且双方心理都有安全感。

■ 制订谈判计划

谈判过程包括：探询、准备、有效协商、小结、再磋商、终结以及谈判的重建等几个步骤。

■ 确定谈判目标

谈判目标具体分为：理想目标、可接受目标和最低目标。

对于谈判的底线要严格保密，除参加谈判的己方人员外，绝不能透露给其他人。

■ 谈判前收集有关对手的信息

"知己知彼，百战不殆"，要尽最大的努力收集对手信息。

● 这次谈判，对方的主要谈判人是谁？

● 他有什么谈判风格和谈判经历？

● 他的政治、经济以及人际关系背景如何？

● 对手的主要商务合作伙伴是谁？

● 对方的对手是谁？

■■ 谈判议程要有个计划

第一，谈判应在何时举行，为期多久？分几次举行，每次所花的时间大致多久，休会多久。

第二，在何地举行？

第三，哪些事项应列入讨论，哪些事项不应列入讨论？

列入的事项应该编排先后顺序。是先易后难，先营造出和谐的气氛，再讨论困难的问题；还是先难后易，先讨论重要的、困难的问题，然后再推动其他问题。或者不分主次，把所有问题摆出来一块儿讨论。

一位谈判高手在谈判前便能估计到，哪些问题双方不会产生分歧，容易达成协议，哪些问题可能会有争议等。这就是长期谈判的经验积累，以及本身的专业素养。

一般来说，有争议的问题最好不要先讨论，这样会影响双方的情绪，对后面讨论的内容不利，甚至有可能会就此终结谈判。

当然有争议的问题也不能放在最后讨论，最后可能会因为时间不充分而导致被搁浅。

最好的办法是把有争议的问题放在中间阶段谈，前面已谈成了几个问题，有利于进一步在有争议的问题上达成共识。这样安排，谈判的成功率较高。

■■ 树立谈判形象

通常，双方第一次见面，对方可能对你产生一种基本的情感，就是：喜欢你或者不喜欢你！

对方喜欢你，可能会积极地跟你交往；不喜欢你，可能谈话都没有热情，有可能对下一步交流造成一定的影响。

这就是第一印象，即"首因效应"。作为一位经常出席谈判活动的商务人士，一定要先了解"首因效应"带来的作用。谈判不是仅凭能言善辩的口舌就可以解决任何问题的。

谈判人的形象很重要

谈判人的职位

在中国有些人很不在意这种包装，认为谈判完全靠自己的实力和经验。可从某种意义上讲，头衔很重要，它是一个人的标记，可以在谈判中获得意想不到的效果。比如，"这是我们公司的总经理，是本次谈判中我方的首席代表"……

谈判人使用的交通工具

这有可能成为对方判断你的实力的标志，虽说并不绝对，但80%的人都会以你的外表对你加以判断。比如你的汽车外表的干净程度也要注意一下，它就像你出去时脚上穿的皮鞋一样重要。

如果在外地谈判，你住的酒店、宴请对方选择的就餐环境也很重要，可能会成为对方考查你实力的一个方面！

谈判人的外在形象

作为一位总裁或总经理，在谈判时的穿着一定要与身份相符，一定要穿戴整洁。质地精良、有品质的职业装是首选。

同样，作为一名谈判助手，衣着更要注意。不可过于华丽，赛过你的谈判首席代表，这是不可取的，有喧宾夺主之嫌。但千万不要穿一些质地不好、做工粗糙的衣服，它会降低你在谈判对手心目中的形象。

"自我介绍"的方式很重要

如果一见面就自我介绍"我是××公司董事长"，会给人一种盛气凌人的感觉，可能会引起对手的反感。

我们不妨用其他方式来介绍自己。

第一种方式：不用说，用行动来介绍。只要把你自己印有头衔的名片，双手恭敬地递给对方，比自己用语言来介绍收到的效果更具有力度。

第二种方式：让助理替你介绍。

"这是我们公司的总经理，××理事长。"这样就显得很合理，有可能还会使对方对你肃然起敬。

从另一个角度来看，有这么专业的助手协助，本身就显示出你方的实力和你的地位，更能使对手信赖你。

第三种方式：适当说说自己的经历和公司的知名度。

单纯地介绍你的头衔，有时还不够，因为在这个头衔满天飞的时代，人们已开始渐渐失去了对它的信任。在恰当时，将己方的企业知名度透露给对方，会令对方肃然起敬，潜意识里已有可能开始让步了。

谈判中的礼仪

在商务谈判中，制造竞争、火上浇油、声东击西等策略，任何商务谈判人士都不会不清楚！

可是，从礼仪角度来说，谈判的核心还是要一如既往地要求谈判人在谈判中能够以礼待人，理解别人。

双方态度要友好

如果谈判人面带微笑，语言文明，举止彬彬有礼，这样也能消除敌对的感觉。

不违背法律

谈判一定是在遵纪守法的前提下进行。

要以理服人

不能用过激的行为，比如恐吓、欺骗的手段来达成协议。

追求双赢

利己又利人，既讲究竞争又要讲究合作。

人与事要分开，对"事"要严肃，对"人"要友好

记得有位老前辈说过这么一句话，在商务谈判上，不要指望对手中的老朋友

能够顾及情谊，也不要责怪对方"不够朋友"，商界人士在谈判上，对"事"不可以不争，对"人"不可以不敬。

谈判礼仪

懂得拒绝对方的方式

按中国的风俗习惯，人们在说话时比较委婉，尤其是要拒绝对方提出的条件时，会用"让我们再研究研究"、"下次再说"等这些含糊不清的语言来回答对方，有时候可能会让对方感到你在应付，或者误以为他们提出的条件真的会得到研究并认可。在商务谈判过程中，语言一定要让对方清楚、明白，免得双方都耽误时间。

处理好谈判中的冷场

在谈判过程中，如果双方对某一问题有严重分歧、无法调和的情况下，有可能会出现冷场现象。一方沉默不语，以此来表示不合作或一方怒气难消，以此来表示抗议。如果双方都不采取适当调整的话，有可能谈判就此结束，没有任何结果，这样对双方都不可取。对于在谈判中经常出现的冷场情况，我们可以适当调整自身的心态，沉默但要态度积极，最好的办法就是，建议双方中途休息一下。

求职虽说"求"，但并不意味着自己人格的降低。要有礼有节，不卑不亢。

无论是招聘者还是求职者，都是站在同一公平、平等、互尊的位置上相互审视、彼此选择！

Lesson 23

第二十三堂课

求职礼仪

求职中，考官除了重视求职者的专业外，还会了解求职者的知识、能力、经验等各方面的情况。但是这些又与礼仪规范有紧密的联系。因为礼仪行为是相互获得尊重了解的行为表现，如果一个求职者不懂得礼仪、不讲究礼仪，首先这个人就缺乏尊重人的前提，考官就不会与之深谈。

面试时，其实考官面试的是求职者的"形色气质"！

形：姿态。

色：脸色。

气：状态。

质：内涵。

具体体现在以下的面试程序上：

外在形象、行为举止、见面礼仪、应答礼仪、告别礼仪。

■ 求职准备

■ 了解就业市场

要找到一份自己喜欢的职业，还能发挥自己实力的单位，首先必须要了解市场的就业信息。不可不做准备，见有机会，就草率去面试，十有八九会以失败告终。

我们选择好职业，再具体问题具体分析。不打无准备的仗。收集信息越早越好，越具体越好。

比如：分析这一职业的发展前景、用人单位所属行业的基本知识、单位近期主要产品或经营项目、单位的人员构成、单位的用人及对人才的重视程度、对应聘者的素质有什么样的要求、单位的历史及发展前景、单位的性质及福利待遇等情况，尽可能地让自己头脑中有一个完整的单位形象。

有很多即将步入职场的大学生，在求职时往往疏忽这一个重要环节。求职前分析应聘单位的要求，分析一下自己的真实能力，那么在面谈和面试的过程中，面对招聘者向你提的一大堆问题，你就可以信手拈来，从容应对，至少心里会多一份底气。以自身的优势来说明为何应聘这一工作，给招聘者留下深刻的印象。所以，做到"胸有成竹"，主动权就能掌握在自己的手里，把握性就大得多。

如果你对这份工作了解完全不够深入，对自己的能力没有很好的评估，那么在考场，如遇考官提问，肯定难以应对。有的人只好凭自己的想象和猜测，很肤浅地阐述自己的观点，最后使自己求职陷入困境。

另外，求职是一个双向选择的过程，你也可以考察用人单位的情况。

比如：你可以打电话到用人单位，从员工接听电话的态度来判断该单位的管理水平及实力。一些单位在刊登的招聘广告里不留电话，留了也没人接听，或者要么一问三不知，要么极其不耐烦，那么该单位的管理水平及实力就可见一斑了。

■ 仪容仪表的准备

衣着对于求职成功与否起着十分关键的作用。主考官往往会通过仪表来判断求职者的身份、学识、个性等，并形成一种特殊的心理定式和情绪定式就称为"第一印象"，这个"第一印象"在无形中左右着主考官的判断。

求职面试时，尽管没有必要穿高档的服装，但服装的质地要精良，穿着要整洁大方。如果面对的考官们穿着西服革履，而你却穿着太随意，与对方无法建立平等关系。在你还没开口说话之前，心底就会信心不足，同时留给主考官的印象会大打折扣。

■ 求职者的妆容礼仪

发型以庄重、简约、典雅、大方为主导风格。头发必须保持健康、干净、清爽、整齐的状态。

化妆应当选择淡妆，不过分引人注目。

妆面不能出现残妆。在求职时，假如出现残缺，不仅会直接损害自身的形象，更重要的是，会在考官者的眼里留下缺乏条理、邋里邋遢的形象。

■ 仪态礼仪

应聘时，首先要注意的一点就是，不要结伴而行。独自去面试，展示的是你的独立性和自信心，会给考官留下好的印象。

面试时，举止要大方、得体，不慌张。注意站、坐、走的正确行为举止。

进入考场后，与考官要保持一定的距离。不适当的距离会使考官感到不舒服。尤其是一些服务行业的面试，比如：航空服务面试，站得离考官太近，你的肤色、妆容上的小缺点会一目了然。站得离考官太远，显得有距离感。所以，一定要把握好站立的位置。

不过，也有应聘人多的情况，招聘单位一般会预先布置好面试室，把应试者坐的位置或站立的位置都定好了，这就不存在需要调整位置的问题。当求职者进入面试室后，一定不要随意将椅子挪来挪去。有的人为了向考官表现亲密感，总是把椅子往前挪，其实，有可能会影响你的面试，因为这是一种失礼行为。

在面试时，有的求职者不拘小节，傲慢不羁，表现出一副无所谓的样子，或许你的学历高、或许你有经验和能力，或许这是你展示独特个性的一种方式，但给考官的印象有可能适得其反，这恰恰体现的是你的礼仪缺失，这是不可取的，有可能你会因此失去一次机会。

面试礼仪

按时到达

千万不要迟到，因为这是对考官的一种不尊重。如果有一些特殊原因不能如约按时到达，应事先打个电话通知考官。万一迟到了，不妨主动、简单明了地说明原因，这是必需的礼仪。

放松心情

有的人面对考官就会面红耳赤，神情紧张而说话不流畅。所以尽量调整心态，达到最佳状态。

以礼相待

不要旁若无人、随心所欲，对接待人员熟视无睹。如果你目中无人、没有礼貌，在决定是否录用你时，他们可能会有发言权，所以，要给所有在场的人留下很好的印象，而不仅仅是主考官。

注意手机

将手机调到振动或关机，这是明智的选择。

进场敲门

即使面试的门是虚掩着的，也要敲门，千万不要冒失进入，那样很鲁莽，没有礼貌。

微笑面对

面带真诚的微笑，这是一个人风度、风采的展示，会给考官留下很好的印象。

莫先伸手

行握手礼应该是主考官事先伸手，然后求职者才能去握手。若考官没有主动握手，求职者切莫主动先伸手。

"请"才入座

求职者进入面试室时，要等主考官请你入座，你才可以就座。

递物大方

求职者在递自己的简历时，一定要事先整理好，最好是能迅速完整地取出来，不可乱翻一通。

应答禁忌

忌过分热情

在回答问题时，一定要先听清楚考官的问话，然后再慎重表达。有的应聘者还没听清楚考官说的是什么，就不分青红皂白，口若悬河地回答一通。这样的表现，只能说明你的性格有不踏实、急躁的一面。

忌缺乏主动

用人单位并不喜欢员工工作呆板、缺乏主动性和思考能力。

忌不懂装懂

遇到不会回答的问题，应坦诚地说："对不起，这个问题我没思考过，不会回答。"这样反倒会给考官留下诚实、坦率的好印象。不懂装懂是最忌讳的表现，记住坐在你面前的考官都很专业。面对他们再深入提出的问题，你的情况就会更糟糕。

忌滔滔不绝

求职者适当地聆听是必备的，滔滔不绝并不代表口才好，也代表不了你的专业。言多必失哟！

忌多谈自己

在考官面前不要喋喋不休地大谈自己，应该从考官提的问题入手，引起考官的好感。

忌贬低他人

议论他人或原来就职单位的是非是求职时的大忌。会给考官留下搬弄是非的感觉。

忌狂妄自大

有的求职者应聘时就说一些不自量力的话，如"我能干出一番大事业"，"不录用我将是你们公司的一大损失"等，这不是自信，而是狂妄自大。

忌任意插话

当考官在说话的时候，一定要等考官把话说完，不论他说的问题你有什么意见，也得恭恭敬敬地等他把话说完，再说出你的意见。

忌不留薪金余地

薪金问题一直是个敏感又实际的问题。求职者一定要在内心掌握好。

首先，一定要事先了解面试行业的一般待遇，心中有底才能谈薪金。其次，在谈薪金时，还要"量体裁衣"，考虑自己的条件和能力，千万不要"好高骛远"。尤其是刚毕业的大学生，没有工作经验，更谈不上高薪，不可一开口就要高薪，一定要事先对这个行业有个了解。

谈薪金的时间也要掌握"火候"，最好是在考官表示明确要聘用自己时再谈论薪金。

在商谈薪金问题时，语气要坚定而灵活，如果达到了或接近了你期望的目标就可以了。上岗后要努力工作，有了一定的成就再谈加薪也不晚。

■ 忌简单重复简历上的内容

这是大多数求职者的通病。面对考官做自我介绍时，一定要介绍简历之外的你的特点和优势。简历已经在考官的手里，面对考官做自我介绍时，最好不要再重复简历上的内容。

即将大学毕业求职面试的学生除了专业方面的知识外，还需要准备以下内容。

● 个人的特点。包括你个人有哪些优点和缺点，自己的性格怎样，人生的目标，有何特殊才干等。

● 家庭背景。家庭期望。

● 教育背景。包括在什么学校学习过；专业介绍；成绩如何；在校学习的收获是什么；参加过什么与应聘岗位相关的学习和活动等。

● 兴趣爱好。业余时间喜欢做什么；参加过什么活动；有什么特长等。

● 面试动机。为什么应聘这家公司；为什么选择这个职业或岗位；找工作优先考虑什么因素；认为自己胜任的条件是什么；对面试公司了解多少；工作目标是什么。

● 职位待遇。希望到什么部门工作；对工作有什么要求；欣赏什么工作方式；认为做好工作的重要因素是什么；期望的工资标准。

小贴士

不得不注意的简历禁忌

弄虚作假、过于简单、过于复杂、过于豪华。

　　参加宴会是你职场形象的另一种全新的表达和享受。卸下坚韧，糅入温柔，奉上灿烂的笑容，送去温和的眼波，优雅自然的姿态伴随着温婉有礼的说话声音，那是一种由内而外的释放！

　　魅力十足的你一定会成为整个宴会的中心。

Lesson 24

第二十四堂课

宴会礼仪

宴请和赴宴是社交活动中经常会遇到的。事先了解一下宴会礼仪吧，它可以提高我们社会交往的能力。

社交宴请的种类

自助餐

按时间分，有早、中、晚等。

地点大多选择在室内、院子里或花园等举行。

菜肴分为冷菜、热菜。

自助餐的最大特点就是人们能够随心所欲地去拿自己喜欢吃的菜。不过每次不要拿得太多，以免浪费。如果不够吃，可以分多次去拿。但每次要按顺序排队。进餐时，不可以端着盘子到处走动。

酒会（鸡尾酒会）

时间是下午5点到晚上7点。

不设座椅，客人可随意走动，相互交流。

有小点心、面包等作为茶点，这些都放在桌上。

客人端着盘子进餐，自己去拿酒水，有时会有服务生端着托盘为客人提供饮品，当他经过你的身边时，你可以从托盘里随意选择。

酒会上，有很多食物都是小块儿的，都配有牙签。吃完食品后，忌把使用过的牙签又放回去，我们可以把使用完的牙签放在托盘旁边，或烟灰缸、垃圾筒内。如果身旁没有，我们可以把使用过的牙签放在面巾纸上，交给服务生就可以了，不可随地乱扔。

有的食品需要用手直接去拿，所以手里要拿张餐巾纸随时擦手。用过的餐巾纸不要随手扔在地上，用完后可以丢进垃圾筒，或转给你身边的服务生，他会帮助你扔掉。

最好是用左手拿杯子，右手有时需要和别人握手。

■ 晚宴

晚宴分为两种，一种是隆重的晚宴，另一种是便宴。

晚宴时间一般都在晚上8点以后进行，在中国稍早一些，6点或7点进行。

晚宴是排好座位的，有邀请函，而且还注明了此次晚宴着装的要求；席间有祝酒词、席间乐或现场演奏乐队。

便宴在家里举行较多。有时也有邀请函，有时主人会口头邀请。

对于着装可以事先了解一下这是什么性质的宴请，对着装有什么要求，以免穿错服装。

■ 宴请准备礼仪

■ 你要宴请谁

主要根据活动的时间、目的、内容、费用等来确定。

如：节庆、聚会、工作交流、贵宾来访等，决定宴请什么人，邀请人数，一定要列出宾客的名单。

■ 你确定好时间了吗

一定要考虑到主客方的时间，不能和宾客的工作、生活安排发生冲突。

一定要尊重客人的风俗习惯，比如，中餐的习惯是根据用餐时间分为早餐、中餐、晚餐。举行正式宴会，通常都安排在晚上；工作原因安排的工作餐，大都选择在午间进行；在广东、海南、港澳地区，亲朋好友之间大多爱"喝早茶"。

小贴士

宴请外国朋友，要避开西方禁忌日或禁忌数，欧美人忌讳13、日本人忌讳4和9。韩国人忌讳4，在饮茶或饮酒时，主人总是以1、3、5、7的数字来敬酒、献茶、布菜。

宴请信仰伊斯兰教的客人要避开斋月时间。

你想在什么地方宴请

选择宴请地点有以下几点需要考虑。

环境

现代人的生活不是单纯为了"吃"而吃，在吃的过程中，还会享受吃的文化，享受环境。所以要选择优雅、档次高的环境。如果环境不佳，会使你的宴请大打折扣。

交通

选择较为正规的社交聚餐的用餐地点，要充分考虑以下几点：

就餐者来去交通是否方便？

有无交通线路通过此处？

有无停车场？

是否有必要为就餐者预备交通工具？

用什么方式邀请

可以选择电话邀请，E-mail邀请，或使用邀请函等。

提前去餐厅预约了吗

在中国，大部分人没有预约的习惯。其实在很多高档餐厅，都有生意红火的时候，所以最好是提前预约。若特殊情况取消了宴请，一定要通知餐厅。

菜单定好了吗

不管你宴请的是谁，一定要让客人喜欢吃，爱吃。菜品的选择非常重要。

菜式要适合宾客的口味

首先，要从宾客所属的地域习惯考虑。

如：中国菜中有许多是动物内脏，而欧美国家的人不喜欢吃动物内脏；美国人不吃鲤鱼；英国人不吃狗肉；埃及人不吃猪肉、海味及奇形怪状的食物；日本人不喜欢吃羊肉、肥肉和猪内脏等。

其次，是宾客的宗教饮食禁忌。

如：信仰伊斯兰教的人不吃猪肉、印度教不吃牛肉、犹太教不吃无鳞无鳍的鱼；回族人不吃猪肉，禁食狗肉、驴肉等不反刍动物的肉以及一切飞禽、家禽的血和无鳞鱼等。

再次，是宾客的健康。

比如宴请的宾客有高血脂，最好吃一些低脂餐；高血压宾客不能喝酒；糖尿病宾客应该吃一些无糖的餐食等。

最后，了解宾客的口味禁忌。

如有人不吃蒜、有人不吃辣、有人爱吃甜食、有人是素食者；有的是北方人吃不习惯南方菜、南方人不习惯吃北方菜，等等。

考虑到以上各方面的因素，再点一些特色菜或宾客特别爱吃的菜。当地的特色菜可以考虑进去。

■■‖ **菜式的确定，还要征求客人的意见**

比如可以让客人选择菜式并点菜。总之，邀约者一定要主随客便，力求两相情愿。

■‖ 赴宴准备礼仪

■‖ 及时回复

客人收到邀请卡，一定要尽早回复能否出席，这是对邀请人的一种尊重，以方便邀请方对宴请的安排。一旦接受了邀请，不要随意改变。如遇到特殊情况无法去赴宴，但你又是本次宴请的主要嘉宾，记得一定要向邀请方说明情况，有必要的话，还可改日登门道歉。

■‖ 着装要求

赴宴前除了要问清楚时间、地点，还要清楚着装的要求。

不同的宴会形式会有不同的着装要求。

如果你接到的是邀请函，一定要看清楚邀请函上的内容，上面都会有对来宾的着装要求。如果你接到的邀请函上有着装要求，一定要按要求着装。

比如，要求穿小礼服、正式晚礼服还是便装，邀请函上都会一一注明。要看仔细，否则随意的着装，如果和宴会的场合氛围不相符，会让自己很尴尬的。

■ 赴宴正装

一般的宴会，男士可穿正式西服或民族服装，妆容要干净、清爽。

女士穿小礼服或套装裙，化淡妆，发式要与服装搭配协调。赴宴时携带小型手袋为宜。

■ 礼物的准备

参加外国朋友的家庭一般宴请邀约或不太正式的聚会，最好按该国的习惯，带上一份小礼物比较得体。

特别提醒

送礼一定要"入乡随俗"，先弄清楚对方的信仰、习惯和送礼禁忌，然后再挑选礼品。如果你真的不知道送什么，可以大方地先打个电话询问一下，这不算失礼。这一点与中国是有差异的。

礼物可以是一瓶葡萄酒，一盒糖果，一个花篮，等等。礼物送给主人或女主人。

■ 到达时间

客人应早于约定的时间5分钟左右抵达。到早了，主人还没做好接待准备；迟到了，让主人等待，都是失礼的。不过，家庭酒会有许多朋友参加，对于时间并没有特别严格的要求，一般在聚会开始的一个小时内陆续抵达也不算失礼，若真的要迟到，一定要懂得给主人打个电话说明一下。

■ 物品存放

在正式的宴请中，当抵达聚会的地方时，如果外穿的有大衣外套，一定要把外套交给服务生，存放在衣帽间，他们会给你一个印有号码的卡片，以便领取。不可穿着厚厚的大衣外套与他人交流。自己随身携带的手提袋或贵重物品带在自己的身边。

手袋的放置

女性最好随身携带一只与服装搭配的小型手袋，它不仅仅是装饰物，也是非常实用的。里面至少要放置一支口红、一个粉盒、纸巾、手机、名片，这些都是在交流过程中有时候需要用到的。

宴请前的交流

如果宴请还没有开始，不要一个人站在一边不说话，可以与其他到来的客人边交流边等待。有可能很多朋友你不认识，没关系，别忘了，大家都是主人的朋友，主动一些，从自我介绍开始吧！

至于交谈的内容，当然是大家都能听得懂的，感兴趣的，轻松一些的话题最好。比如谈谈最近有趣的新闻、天气、美容之道，聊聊健身、民俗风情等都可以。

在这样的场合，最好不要谈工作上的话题和政治上的纷争，除非今天聚会的目的就是这个主题，否则，大家都会感到不轻松。

宴会结束的道别

聚会结束时，或你要提前离开时，都要与主人道别。一般在聚会结束之时，主人都会站在门口欢送。作为客人，我们要真诚地向主人表达盛情款待的谢意，同时对这次聚会要有赞美，还可以向主人表达改日回请之意。

道别语要简练，不可冗长复杂，意思表达到位即可，不能没完没了。

美妙典雅的音乐，熠熠生辉的灯光，缤纷的美酒，优雅迷人的举止，享受的是西餐厅的情趣和氛围，品味的是绅士风度和淑女风范！

一举手一投足之间，是你美妙身态的动与静的结合，是不失礼仪、不失时尚的细腻和感染力的展示！

Lesson 25

第二十五堂课

西餐礼仪

现在大部分中国人对西餐并不陌生，但真正能了解西餐文化的甚少。在刀与叉的取食过程中，体现的不仅仅是单纯的吃，而是一种良好的礼仪规范和风度。

■■ 就餐前礼节

■■ 就座

当我们进入餐厅时，作为男士，应该主动为女士拉门，让女士先进入。然后要向侍者报出所定的座位号，由领位员带领去预订的座位。

由服务生替女士拉椅子，或是在场的男嘉宾替女嘉宾拉座椅，女士入座后，要表示感谢。

■■ 女士手袋的放置

随身携带的手提袋，根据大小，一定要放在准确的位置。

因为料理从左侧上，所以女士手提包应放在右侧的脚边。小型酒会手袋应放置在背部和椅子之间的空隙。

将手提包挂在椅子上，是错误的放置方法。

■■ 西餐的菜序

开胃菜——大多是蔬菜、海鲜、水果等。

主菜——分冷菜和热菜。冷菜有肉冻、鱼冻、果冻等；热菜有鱼、鸡、猪排、牛排、羊排等。其中的肉菜不可少。

汤——大致分为清汤、蔬菜汤、奶油汤和冷汤。

面包——主要有鲜面包、烤面包两种。

点心——有饼干、馅饼、三明治、通心粉、土豆片、烤土豆等。供没有吃饱的客人填饱肚子。

甜品——最常见的就是布丁、冰激凌等。

果品——有干果、鲜果类。鲜果有草莓、苹果、香蕉、葡萄等。

热饮——最正规的是红茶、咖啡，作用是帮助消化。可以在餐桌旁喝，也可以去客厅、休息厅喝。

点单礼仪

先决定好主菜的料理，一般一盘的分量会比套餐一盘的分量多上一些。可以按自己的食量再决定点餐。所点的分量尽量让每个人能吃完。

在点单的时候，面对菜单，如果对菜的内容和搭配方法、饭前酒、葡萄酒的选择方法不清楚的话，不要紧，向服务生咨询，他会告诉你的，因为这是他们的工作。

餐具的摆放

刀叉

一般以三套刀叉居多。

依次是开胃菜用刀、吃鱼用刀、吃肉用刀。

吃水果用刀则放在餐盘的正上方。

刀叉是从最外面的用起。

餐巾

餐巾分纸制、布制两种。

在正式的宴会中，最好用布制的。

可以把餐巾叠成各种造型，放在杯子里，或者放在餐盘中间。如果要体现华丽，还可以在餐巾上系一个缎带。

餐具的使用

刀叉的使用方法

欧式吃法——左手拿叉，右手拿刀。

美式吃法——左手拿叉，右手拿刀。切完肉后把刀放在盘子上，叉子从左手换到右手，然后用叉子叉起切好的肉。

错误拿刀叉方式——手拿刀叉在空中乱挥舞，或手拿刀叉指人。

如何用刀叉表示暂停或吃完

暂停——没吃完，一会儿还回来吃　　　　　　吃完——吃完了，可以撤走餐盘

■II 餐巾的使用

餐巾是用来擦拭用餐嘴角和手的。

女性不能用餐巾代替面巾纸擦口红，不允许把口红弄到餐巾上。

男士更不能用餐巾代替毛巾擦脸。

在第一道菜还没有被送上桌之前，可将餐巾展开，对折或铺开。注意：把带有折痕的一边向上，放在膝盖上。

别像挂裙兜一样，把餐巾挂在胸前，小孩子就餐才这样做。

若中途需要暂时离开一下，就将餐巾稍微整理一下，放置在椅子上。

中途离席，但还回来

用餐完毕，将餐巾折好，放在桌面上，这代表已经用完餐。

■Ⅲ **洗指碗**

通常在很正规的晚宴上，如果有用手的菜或甜点时，比如：蜗牛、龙虾、小羊排、小排骨、鸡肉等，手都会弄脏。

服务生肯定会端上"洗指碗"，通常是玻璃做的，可以是漂亮的甜点或小汤碗，并且装有四分之三的温水，有时里面还放有一朵漂亮的装饰花。

服务生会把它放在桌子中央，我们把单只手的手指，轻轻沾水，优雅、轻柔地洗洗指尖，动作幅度不能太大。

■Ⅰ 酒菜的搭配

为什么就餐还要搭配酒呢？就是让用餐过程中，在餐食和酒水的相互衬托下，每个人用餐更愉快。

不过，并没有我们想的那么复杂！

■Ⅲ **西餐的餐酒搭配**

传统的餐酒搭配要求是："白葡萄酒配白肉，红葡萄酒配红肉。"这并没有错。

这是因为大部分海鲜、鸡肉、猪肉等"白肉"本身味道较清淡，因此，大部分时候适合搭配口感也属清淡的白葡萄酒。牛肉、羊肉、鸭肉等"红肉"通常口味稍重，所以会建议搭配口感较重的红葡萄酒。

实际上，一道菜的口味更多的时候是被烹饪方式和酱料主宰，再加上红葡萄酒、白葡萄酒中又有各种不同层次的口感，因此搭配要看情况，如：法国波尔多地区以红葡萄酒酱汁慢炖熬煮的鱼肉，适合搭配当地的红葡萄酒；当地的贝类、海鲜，却更适合与勃艮第的清淡型红葡萄酒搭配。

■❚❚ **中国料理的餐酒搭配**

一般很多人认为，葡萄酒和中餐没有关系，其实，中餐也可以和葡萄酒产生和谐搭配。

如油炸的广式点心用香槟或清淡的白葡萄酒来搭配，有助于减少油腻感。

四川菜口味偏辣多油，可依据食材不同分别选择白葡萄酒和红葡萄酒。

鸭肉，若是熏制、烤制出来的，可以配清淡、中浓度口味的红葡萄酒。若是带汁儿的，则可以选择口感浓郁的红葡萄酒。

就餐礼仪

● 用餐姿势：吃西餐，身体要直立，忌弯腰、驼背。手臂、肘关节不要靠在桌上。

● 口中塞满食物时，不要说话。如果要急于说话，一定要把口中的食物先咽下再说话。更需要注意的是，咀嚼食物时要紧闭嘴唇，不能发出声音。

● 西餐就餐，不喜欢浪费，最好吃干净盘中最后一滴酱汁。我们可以拿一

小块面包片，蘸上盘里留下的酱汁，把面包片吃下。这一点，和中餐有很大的区别，中餐很容易浪费。

● 不喜欢吃的菜，最好用叉动一动，吃一点。这是一种礼貌。更不要直接表达"不喜欢吃这道菜"。

● 在进餐过程中不要随意脱外套、松领带、解开扣子、挽起袖子。

● 如果你在就餐过程中需要去趟洗手间，最好要向左右座位的朋友说一声"对不起，我一会儿就回来"，不要静悄悄地就离开餐桌。

● 结账时，面向服务生，不用站起来或走到前台去，更不用大声呼喊服务生，只要轻抬你的一只手，服务生就会把账单拿过来，这样就可以付账了。

如果你想确认一下账单，这是完全可以的！注意，有的账单已经把小费算到总账单里去了。有的需要单独支付，如果单独支付一般是总餐费的10%~15%，你可以把小费放在餐盘里即可。

■■ 就餐过程中遇到的常见问题

■■ 如何取菜

第一种：服务生将每道菜送到你的餐桌旁，食物放在一个大盘子里，旁边放有公勺、公叉，供你自己拿取。一定要吃多少取多少，不可以浪费。

第二种：类似自助餐，可以站起来走到放餐盘处取食。

第三种：如果菜肴离你较远，不用站起来，只要请求别人传过来就行。当别人有需要时，你也可以传给他。

■■ 什么时候拿起你的刀叉

在欧洲，当一道菜端上来时，你就可以吃了。但在美国有点不同，应该等每个人的菜都上好后才开始吃。

在正式的场合，如果女主人不在场，坐在男主人右边的女嘉宾就是第一个开始吃的人。所以，她先开始吃，别人才能跟随其后。

如果你是那位女士，到时候别忘了，其他人还在等你开始拿起刀叉。

■■ 什么时候放下你的刀叉

当主人把餐巾放在桌上，并站起来，意味着用餐到此结束。当然作为主人，在放下餐巾时，一定要仔细看看，是否还有其他客人没用完餐。否则，客人还没吃完，主人就起立，会很尴尬！

■■ 遇到以下状况，该如何处理

■■ 不好吃的食物或异物入口时

遇到这种情况，用餐巾捂住嘴，把异物吐到餐巾上，请服务生来处理即可。

不要责怪服务生，弄得大家都不愉快。我们可以心平气和地要求撤换。

■■ 泼洒了汤汁

如果不小心把咖啡、茶、汤汁弄洒了，不用紧张，用餐巾轻擦几下。如果座位、餐桌弄脏了，就用餐巾盖在弄脏的地方，同时向其他客人道歉，不要尴尬，主动开始一个新的话题。

■‖‖ 有食物塞牙缝

如果有食物塞牙缝了，不要用牙签直接在餐桌旁剔牙。可以先用水漱漱口，如果不管用的话，唯一的办法就是到洗手间去处理。

■‖‖ 想咳嗽

如果在就餐过程中咳嗽，一定要用面巾纸捂住口鼻，偏向一侧。如果用的是餐巾，之后可以再让服务生替你换一块新的。

■‖‖ 刀叉掉在地上

不用慌，可以招呼服务生来就可以了。他们会帮你捡起，并重新更换。

■‖‖ 餐食的吃法

■‖‖ 怎样吃面包

面包通常是小圆面包或面包条。

请你用手拿着面包吃。掰一块抹一块吃一块，千万不要用刀叉来吃面包！

■‖‖ 怎样喝汤

在你的身边，是不是经常有人在喝汤时发出呼呼的声音？看似很容易的事情，无论中餐、西餐，都有规范可讲。

西餐喝汤，汤勺由里往外舀汤，每次讲礼仪课讲到这儿时，有很多人不可思议，觉得太讲究，但这是规矩。

舀起汤，如果太烫，可以吹一下，凉了再喝。

喝汤绝不可端起汤盘直接用嘴喝。

如果汤见底了，又想把它喝完，用食指和拇指轻捏住汤盘内侧边缘，把汤盘向餐桌中间倾斜，然后用汤勺由里向外舀（英式）或由外向内舀（法式）。

喝完汤后，把汤勺放在汤盘的中间或旁边。

■‖‖ 怎样吃肉

我们必须用刀叉，先从靠近自己身边的方向开始，把它切一小块，大小刚一口最好。比如切牛排时，千万不要出现刀叉碰撞餐盘发出"咯吱咯吱"的声音。

一定要切一块，吃一块。不要把整块先切成小块，然后再一口一口地吃，这样会让肉汁流掉，使切口的牛肉变干，失去原来的味道，而且这样也很不礼貌。

在点牛排时，服务生会问到你对牛排生熟的程度，依个人的口味而定。牛排有以下几种生熟程度：

三分熟：一刀切下去还会流出带血的肉汁。

五分熟：生与熟之间，会渗出一点点带血的肉汁。

八分熟：切下去肉呈淡淡的红色。

全熟：完全烤熟的状态。

■|| 怎样吃鱼

鱼无论是整条还是成块的，都得使用鱼刀、鱼叉。如果吃鱼嘴里有鱼刺，不能直接往盘子里吐！而是要用手拿出，然后放在盘子里。如果不小心，鱼刺卡住嗓子，最好去洗手间处理。

■|| 怎样吃带骨的肉

如果吃到带骨的肉，用叉子叉住肉，然后用肉刀切肉。

■|| 怎样吃蜗牛

通常配有蜗牛专用夹子。左手用夹子压住蜗牛壳，右手用叉子叉住蜗牛肉，旋转取出。

■|| 怎样吃沙拉

如果沙拉中有番茄或莴苣、芦笋，吃起来不太容易，用刀切成小块吃。对于大叶子的蔬菜，用叉压住叶子，再用刀把叶子折起食用。

■‖‖ **怎样吃意大利面**

意大利面有各种造型，如螺旋形面、长形面等。有的人用叉子卷起来吃，有的人把勺子和叉子一起用来吃面，都可以。

■‖‖ **怎样吃甜点**

有专用的甜点叉。如果类似于冰激凌、布丁之类的用甜点勺即可。

■‖‖ **怎样吃水果**

吃葡萄—用手直接把皮剥开，用手直接吃。如有葡萄籽要吐出，请用餐巾遮挡一下，用手取出葡萄籽，放在餐盘上。

吃香蕉——先用叉子叉住香蕉，然后用刀把皮和果肉整个切离开来，再用刀和叉切着果肉吃。

吃苹果、梨——西餐中，不要整个拿起就吃，应该用刀切成四瓣或六瓣，用叉子吃。

中国的饮食文化历史悠久，源远流长。餐桌是个绝佳的沟通平台，人们喜欢在餐桌旁边吃边聊，以酒为兴、以菜为媒，广交朋友，增进感情。

中餐文化看似简单，实则博大精深。细微见真谛，小节看品位。餐饮礼仪，你知道的有多少？

Lesson 26
第二十六堂课

中餐礼仪

所谓宴饮，就是摆设酒菜招待客人。在中国，自古以来，以宴请方式款待来宾是最常见的，而且有很多的礼仪和规范。比如，中餐语言文化就有一定的讲究。

在请客赴宴时，主人可以说"略备酒水，请赏光！"

设宴款待远来的客人，俗称"洗尘""接风"。

设宴为他人送行叫"饯行"。

宴饮时，请客人就座，可以说"入席""入座""即席"。

端菜上桌叫"布菜"。

上酒叫"示酒"。

给客人倒酒说"斟酒"。

先吃完了说"慢吃""慢喝"。

如需先离开宴席，应说"失陪"。

按照礼俗规定，宴席上主人应陪客人饮酒，叫"陪饮""作陪"。一般男客由男子作陪，女客由女子作陪。如果主人不善饮酒，可请亲邻作陪。

陪客饮宴，主人必须先向客人敬酒，称"献"。

客人饮完酒，需回敬主人，称"报"。

主人为劝客人多饮，必先饮酒，称"酬"，而且要说"先干为敬"，表示对客人的热情和欢迎。

■Ⅰ 宴请座次礼仪

在传统礼仪中，就餐入座的席位方向要摆正，俗有"席不正不坐"之说。

所以不但宴请时会受到各种禁忌习俗的约束，对宴请的座次方位，也是有讲究的。

■Ⅱ 中餐桌次的安排

中国人待客有"坐，请坐，请上座；茶，上茶，上好茶"的说法。在桌次的安排上也非常讲究。

当桌子横排时，以面门的位置来确定，以右为上。这种做法又称为"面门为上"。

当桌子竖摆时，桌次讲究以远为上，以近为下，即离门远的为上，离门近的为下。

请看下列图示。

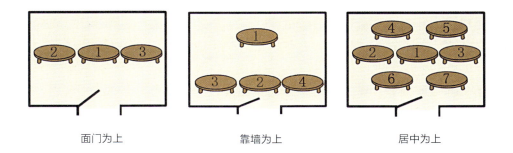

面门为上　　　　　　　靠墙为上　　　　　　　居中为上

■‖ 中餐座次安排

第一种方式，每桌一个主位的排列方法。特点是每桌只有一名主人，主宾在其右侧就座。每桌只有一个谈话的中心点。

第二种方式，每桌两个主位的排列方法。特点是主人夫妇就座在同一桌，以男主人为第一主人，以女主人为第二主人，主宾和主宾夫人分别在男女主人右侧就座。每桌有两个谈话的中心点。

主宾带夫人赴宴的座次安排见下面左图，主宾未带夫人赴宴则见下面右图。

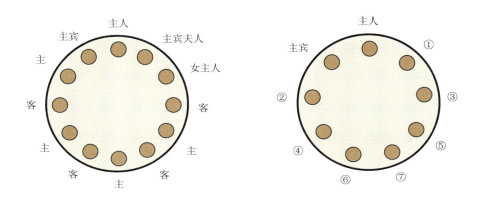

就餐礼仪

古语"民以食为天"。自古以来，中国大部分文化都是围绕着"吃"而展开的。中国人喜欢在餐桌上谈天说地，喜欢热热闹闹地品菜喝酒。

中餐与西餐的区别就是，西餐吃的是环境，中餐吃的是气氛。即便如此，有很多就餐礼仪需要注意。

如果在外宴请，做东者在点菜时须注意以下几点

第一，点菜时，有多少人，需要点多少道菜，做到"心中有数"。

第二，了解中餐上菜次序：冷盘→热炒→主菜→点心和汤（甜点配甜汤，咸点配咸汤）→水果拼盘。

第三，要搭配妥当，荤菜、素菜、凉菜、热菜、特色菜、酒要注意搭配。

小贴士

中国传统上菜的习惯是，如果上的是整只鸡、鸭或整条鱼时，讲究"鸡不献头、鸭不献掌、鱼不献背"，要把最好的部位朝向主宾以示尊重。

如果你是受邀者，主人请你点菜，需要注意以下几点

第一，不要乱点菜。一定要懂得搭配。

第二，不要点很多自己爱吃的菜。

第三，不要评论别人点的菜，说这道菜难吃、那道菜点得差劲。这样做很没有礼貌。

第四，如果你是受邀者，最好的办法就是告诉主人，自己没有什么要求，把点菜的任务还是交还给做东者。

如果推辞不了，点一道价格适中的菜最好，然后把菜单交给其他人各自去点。

坐姿

入座后，坐姿要端正，双手可以平放在膝盖上或放在椅子扶手上。不能用手托腮支在桌面上，或双臂平放在餐桌上。更不能东张西望，大声呼来唤去。

耐心等待

在等待过程中，客人不要急于翻动菜单或搬弄餐巾、餐具。

关于抽烟的问题

一定要问清楚是否可以吸烟。在中国，很多男士会忽视这一条，想抽就抽，从来就不管旁边有没有女性，这是很失礼节的。

主人先用餐

就餐时，主人没有打开餐巾、没有拿起筷子，客人不可先动筷子就餐。

中餐饮酒礼仪

用餐前，需要倒酒

中餐有个习惯，就餐前，主人通常会为了表示热情，主动为来宾倒酒。

如果主人为你倒酒时，要表示感谢。

南方有行"叩手礼"表示感谢的，即用右手食指和中指并在一起，指尖轻叩桌面以示谢意。

祝酒词

中餐讲究宴会开始前，主人都会说祝酒词。

作为主人，在讲祝酒词时应简短，避免冗长，以免让大家长时间举着酒杯等候而无法用餐！

作为客人，主人或主宾致祝酒词时，应该暂停进餐或交谈，注视对方，认真倾听，不要去做别的事情或轻声说话。

■‖‖ 干杯

祝酒词结束后，往往要举杯饮酒。

提议干杯的人应起立举杯，面带微笑，说些祝福语，比如"祝工作顺利""身体健康""合作愉快"等。

被敬酒者也应该起立，右手举杯与双眼齐高，左手托杯底，口中说："干杯。"酒要一饮而尽或要饮一半。如果你不能喝酒，此时此刻也要起立，拿饮料杯或茶水杯与大家"干杯"。

中餐讲究"有敬就有回"。主人或其他嘉宾向你敬了一杯酒，你一定要在适当的时机"礼尚往来"一下，应当向他回敬一杯。

主桌未敬酒，其他桌的客人不能先起立祝酒。

碰杯时有个小细节需要注意，为了表达对对方的敬意，我们的杯口应略低于对方的杯口。两人若相距较远，无法碰到杯子，我们可以把酒杯的杯底轻碰一下桌面或注视对方，高举一下酒杯，示意碰杯。

■‖‖ 喝酒一定要适量

不要强行灌酒。这种方式并不是感情深的体现。

喝酒不酗酒。喝酒要适量，不可一碰酒杯就喝得昏天黑地。

喝酒不要酒疯。"酒不醉人人自醉"，借着酒劲，胡言乱语，失言失态，让人心生厌烦。

■‖‖ 注意交流

在宴会上，要学会和你身边的客人交流，照顾其他客人。默不作声或只顾自己吃喝都是不礼貌的。

■▌吃相要优雅

吃得满脸是汗、嘴角油污，汤汁四溅，不仅自己失态，还会影响其他人的食欲。

■▌ 中餐餐具的使用礼仪

■▌使用筷子的礼仪

不能挥筷——有的人手里拿着筷子，边夹菜边用筷子在空中挥来舞去地与人交谈。

不能插筷——在中国，忌讳把筷子插在碗里。因为这种做法，只有在祭祀死者的时候才用。

不能跨筷——不能随意把筷子放在桌上或公用的碗碟上，一定要放在自己使用的餐盘或筷架上。

不能舔筷——用舌头去舔筷子上的食物，十分不雅观。

不能敲筷——在等待过程中，不能用筷子敲打碗碟。

不滥用筷——筷子是用来夹菜的，不能用它来

代替牙签，更不能用自己的筷子给别人夹菜，这种"大众性"的习惯，建议改掉最好。

■║ 使用勺子的礼仪

摆在你自己面前的那把汤勺是专供你来喝汤的，不能当公勺使用。更不能把勺子塞到嘴里反复舔食。

■║ 使用牙签的礼仪

不能当众剔牙，一定要用一只手遮住嘴部进行。

剔出来的食物不要乱弹出去。

忌把牙签咬在嘴角，更不能用剔过牙的牙签再去叉别的食物。

■▌ 使用骨碟的礼仪

骨碟用来盛菜，一次不能夹太多的菜堆放在上面。

另一个作用是盛放食物残渣。有的人常有不好的习惯，把食物残渣直接吐在台布或地上，这是十分失礼的。应该把食物残渣放在骨碟上的一边。如果骨碟里食物残渣满了，请服务生重新更换。

■▌ 小毛巾的使用礼仪

就餐前，服务生都会用毛巾碟送上一块卷好的湿毛巾，可以用来擦手或擦嘴角的，切忌用它来擦脸、擦脖子、擦汗。

■▌ 夹菜的礼仪

中餐有讲究，夹菜时，一筷子夹下去，不要太多，更不要夹起菜又放回菜盘，或在餐盘里翻来覆去搅动。

如果你想吃的那道菜离你较远，请不要站起来，桌面能转的话，就等那道菜转到自己的面前，再夹即可。

如果餐台不能转动，请别人帮助你。

在用餐时，可以劝人多吃一些，但不可以擅自做主，主动用自己的筷子为他人夹菜、添米饭。在中国有很多人改不了这个习惯，其实这样不仅不卫生，还会让人勉为其难。

特别提醒

如果要转动餐台，一定要环顾一下是否有其他客人正在夹菜，要等他夹完菜后再转动。

"坐，请坐，请上座；茶，上茶，上好茶！"体现了中国人一般待客的基本礼仪和习俗。

一方水土养一方茶，名茶荟萃，色相各异，而咖啡却苦中飘香，恰似品茶、品咖啡人的性情，既内敛又舒展，既清雅又妩媚。

Lesson 27

第二十七堂课

当咖啡遇上中国茶

中国的茶道最能收放自如。茶人相聚，并不在意嗜茶与不嗜茶，而在乎是否合乎"茶理"，就是和谐，即天与人、人与人、人与境、茶与水、水与火、情与理相互协调融和，是饮茶的精义所在。现在很多人喜欢在办公室里用茶代替咖啡。简单的普通杯、或是准备一套紫砂茶具，早上、午休坐在休息间，与纷繁复杂的办公环境稍事隔开，喝一杯茶，缓解一下压力，也别有一番情趣。

当然，商人茶道并不涉及世外话题，相反，紧扣的是世道人心。爱茶，爱喝茶，并不一定要懂茶，简单的茶盘，小小的"茶中世界"，只需要那份泡茶时的专注、细致和那份淡淡茗香中难得的平和、淡定。

中式茶饮礼仪

茶的种类

根据茶叶加工方法的不同分为六大基本茶。

● 红茶——全发酵茶，汤色红亮。有功夫红茶、红碎茶、小种红茶三种。

代表茶：

祁门红茶，产自安徽祁门、东至、石台江西浮梁一带。香气浓郁，似蜜糖香，又有花香，被誉为"王子茶""茶中豪杰""群芳最"。

滇红，产自云南澜沧江沿岸的临沧、保山、思茅、西双版纳、德宏等地。香气高淳，滋味浓厚。

● 绿茶——特点是绿叶清汤。

代表茶：

西湖龙井，产于西湖。清香醇厚，香气持久。

按产地分，字号为"狮（为龙井、狮峰一带所产）、龙（为龙井、翁家山一带所产）、云（为云栖、五云山一带所产）、虎（为虎跑一带所产）、梅（为梅家坞一带所产）"。其中"狮"字号为香味品质、香味俱佳。

● 乌龙茶——属半发酵茶，色泽青褐。

代表茶：

铁观音，产于福建安溪。滋味甘醇，饮后唇齿留香，甘为由喉中自然涌出。

武夷岩茶，产于福建武夷山。茶汤有浓郁的花香味，味甘香可口。

冻顶乌龙，产于台湾，味甘醇浓厚，有花香，被誉为"台湾茶中之圣"。

● 普洱茶——产于云南西双版纳，因自古以来都在普洱集散而得名。它不是绿茶、不是红茶，也不是黑茶。滋味浓醇、滑口、润喉、回甘。具有降脂、减肥、抑菌、助消化、暖胃、生津止渴、醒酒解毒等多种功效。港澳人士、海外华侨都很喜欢。

● 白茶——产于福建的福鼎、政和、松溪、建阳。

代表茶：

白毫银针，产于福建北部。味道因产地不同而各异。福鼎产清鲜爽口、回味甘甜；政和产香气清芬，汤味醇厚，被誉为"美女""茶王"。

● 黄茶——特点是黄叶黄汤。

代表茶：

君山银针，产于湖南岳阳洞庭湖。冲泡后芽尖冲向水面，悬空竖立，继而徐徐下落，三起三落。味道清香沁心，唇齿留香。

黑茶——一般包括湖南黑茶、湖北黑茶、四川黑茶、滇桂黑茶。

■▮ 茶水冲泡技巧

绿茶：水温75℃~85℃，冲泡时间30秒~1分钟。

红茶：水温95℃~100℃，冲泡时间30秒~1分钟。

乌龙茶：水温85℃~95℃，冲泡时间30秒。

黄茶：水温75℃~80℃，冲泡时间30秒~1分钟。

白茶：水温75℃~85℃，冲泡时间30秒~1分钟。

黑茶：水温100℃，冲泡时间1~2分钟。

■▮ 品茶的方法

耳品，认真听主人介绍此茶。

目品，用眼睛观察茶的外观形状、茶的汤色。

鼻品，用鼻子闻茶香。

口品，用口舌品茶汤的味道。

心品，对茶的欣赏升华到文化的高度。

■‖ 上茶的礼仪

中国人待客有"坐，请坐，请上座；茶，上茶，上好茶"的说法。以茶待客，有一定的规矩。

■‖ 敬茶的人

在办公室，大多由秘书、助理、接待人员来为客人奉茶。如果来的是重要的嘉宾，理应由公司里职位高的人来奉茶，这很重要，代表着对来宾的重视程度。

如果是家庭待客，奉茶的人可以是主人，通常是女主人，或者是家庭里的晚辈。

■‖ 敬茶的礼节

在敬茶时，一定要注意顺序：

先客人后主人，先长辈后晚辈，先女士后男士，先主宾后次宾。

另一种情况，客人很多的时候，我们更要讲究顺序：

先近后远依次上茶，按顺时针依次上茶，以客人的先来后到依次上茶。

■‖ 敬茶的动作

把茶泡好后，最好是把茶杯放在茶盘里再敬茶，这种做法是规范的。

■‖ 敬茶动作要领

双手端着茶盘，从客人的右后侧上茶。尽量不要从客人的正前方上茶。

上茶时，左手端茶盘，右手端茶杯，轻轻地放在客人右前方。

如茶杯有杯耳，请把杯耳转向客人的右下方，以方便客人端取。如果茶杯没有杯耳，右手端杯子下端的三分之一处。

放置茶杯时要轻，不要紧挨着客人的文件、手机、电脑旁边，万一弄洒，损失将无法挽回！

所以，上茶时，如果客人正在与其他人交流，我们应该说一声"对不起"；为了提醒客人，上完茶后，可以说"请用茶"！

■■ 续茶水的礼节

中国传统茶仪中讲究，待客要"浅茶满酒""续水不过三"的说法。

我们在斟茶时，通常冲泡茶水不宜过满，应当斟至茶杯的三分之二处。

同时要记得为客人续茶！这很重要，不要让客人把茶水喝到了底朝天，还无动于衷，这是在给客人下"逐客令"。

小知识

"凤凰三点头"——高提水壶，让水直泻而下，接着利用手腕的力量，上下提拉注水，反复三次，让茶叶在水中翻动。

"凤凰三点头"不仅具有泡茶本身的需要，更是中国传统礼仪的体现，更像凤凰对人行鞠躬礼，是对客人表示敬意，也是对茶的敬意。

■ 英式下午茶礼仪

下午茶起源于17世纪英国的上流社会。随着茶文化的不断平民化，下午茶开始风行全世界。

现在我们的身边也经常有这样的习惯，尤其是女性朋友，除了工作、家庭以外，还要注重生活的品质。约上两三个知己，聊聊工作、生活等，也是一种难得的惬意。对于上班族来讲，在高强度的工作节奏下，到了下午如果喝个下午茶，有助于恢复体能、保持精力，也是不错的选择。

下午茶的时间是在下午3点~5点半之间。

一般分红茶和奶茶。

红茶有中国祁门红茶、印度大吉岭红茶、斯里兰卡红茶等。

茶具以瓷器、银质器皿茶壶为佳。

还需要用到的器具有过滤器（倒红茶时，请把它摆在杯子上）、茶杯、茶匙、奶油瓶、糖罐、点心盘等。

点心一般有蛋糕，使用刀叉来吃；司康饼、三明治用手拿着吃即可。

英国人每天起床从红茶开始，空腹喝杯红茶，称为"床茶"；上午喝"晨茶"；午后喝"下午茶"；晚饭后喝"晚茶"。

喝红茶可以预防流感、心肌梗死、脑中风和皮肤病。

图片来自揽翠轩

咖啡礼仪

中国人喜好喝茶，但喝咖啡现在也很普遍。不过大部分人把喝咖啡仅仅理解为是一种社交时尚，对如何喝咖啡了解较少。

咖啡种类

按制作来分，有速溶咖啡和现煮咖啡

● 速溶咖啡

这类咖啡是提前提纯包装好的，饮用非常方便、快捷，不属高档咖啡。在办公室常有人喝速溶咖啡，目的仅为了提神而已，但味道是无法与现煮的咖啡比拟

的。在正式场合，不要拿速溶咖啡来招待客人。

● 现煮咖啡

把咖啡豆放进咖啡机里现磨现煮。需要花一定的时间，还需要一定的技巧。如果在家里待客，用咖啡作为饮品，最好用现煮的咖啡。

■Ⅲ 以配料来分，有以下几种

● 黑咖啡：不加糖和牛奶，大部分西方人喜欢这样喝咖啡。

● 浓咖啡：在饮用时，加入一点糖或少量茴香酒，不宜加牛奶。比如意大利式浓黑咖啡。

● 白咖啡：可以随自己的口味选择加糖、加奶，最适合在非正式场合饮用。

● 白浓咖啡：又称意大利式白浓咖啡。饮用时不宜加牛奶，可以加入柠檬汁，也可以加糖。

● 爱尔兰咖啡：饮用前可加入点威士忌酒，可加糖。

● 土耳其咖啡：中东人比较喜欢喝。可加牛奶和糖。

享用咖啡时，杯碟不用端起来，不过桌子较低时，端起杯碟不算失礼

■Ⅲ 喝咖啡的礼节

■Ⅲ 如何喝咖啡

少量饮用。咖啡虽说是一种饮品，但也是要有别于其他饮料的，不可一次喝很多杯。

入口要少。大口喝，或一干而尽的喝法，是十分失礼的。一杯咖啡端上来，必须小口小口慢慢品尝，才能品出咖啡的好味道。

■Ⅲ 如何端咖啡杯

咖啡杯分大杯耳和小杯耳形状。

小杯耳的咖啡杯，手指伸不进去，要用大拇指和食指来捏住杯耳。

如果大杯耳的咖啡杯，一只手的食指要穿过杯耳，再端起杯子。

喝咖啡时，用手直接端起杯子即可，不用把杯碟端起。更不可双手端杯。

如果桌子离你较近，饮咖啡时，通常只需要端起杯子，而不必端碟子。

如果桌子离你较远、或站立、走动饮咖啡时，为了安全起见，防止咖啡洒出，应将杯、碟一起端起。一手端咖啡杯，一手持碟，动作一定优雅。

■⫯ 如何使用调羹

放在杯碟里的调羹是用来搅拌咖啡的，不可用它来舀方糖和咖啡。使用完毕后要放在咖啡碟上。

咖啡匙不可用来舀着喝咖啡

咖啡匙可以用来搅拌咖啡，用后放在杯碟的一边

■⫯ 如何给咖啡加糖

用专用夹夹方糖，然后把方糖放在调羹里，接着放入杯子里，以防咖啡溅出来。

在酒的世界里，似乎充满了很多我们无法弄清楚的问题。但只要按照一定的方法，读懂一瓶酒，选对合适的杯子，根据菜色挑出一瓶可以搭配得宜的酒，就再也没什么可以阻拦你与酒的亲密关系了。

Lesson 28

第二十八堂课

品酒礼仪

如果在中国吃中餐，大部分人喜欢喝中国的酒，比如白酒、黄酒、药酒等。大部分外国友人在中国喜欢喝中国的白酒，因为白酒是由大米、小麦、药材制作而成。

当然还有很多常见酒，如啤酒、葡萄酒、香槟酒、威士忌、白兰地、鸡尾酒等。

酒的种类

中国白酒

特点

酒精含量较高，属烈性酒。代表酒有：茅台、剑南春、酒鬼、五粮液等。

饮用礼仪

在正式场合，中国人喝白酒不加冰块、不稀释，讲究"满酒敬人""一干而尽"。

啤酒

外国人发明的啤酒，并不是一种正式场合喝的酒。而在中国，啤酒很深入人心，不分场合，想喝就喝。

特点

消暑解渴。按工艺分生啤、熟啤；按颜色分黄啤、黑啤、红啤。代表酒有：美国百威、丹麦嘉士伯、荷兰喜力、德国贝克、日本朝日、中国青岛（燕京）。

饮用礼仪

喝啤酒讲究大口大口地喝。尤其是啤酒沫，有营养，最能消暑解渴。

葡萄酒

在正式场合，无论中餐、西餐，葡萄酒都是主角。

特点

以葡萄为主要原料，酒精含量不高，有营养价值。

以不同的颜色分红葡萄酒、白葡萄酒、桃红葡萄酒。

以含糖量的不同分：干（无糖分）、半干、微干、微甜、半甜、甜等。

世界最有名气的是法国波尔多地区的葡萄酒。

■Ⅱ **品酒礼仪**

在西餐中，葡萄酒为主要佐餐酒，也可以单独品尝。

品酒对于专业人士来说，目的是要对酒的品质作出评定、价格衡量等有关商业行为。而对我们大多数人来说，品葡萄酒，不外乎是找出合乎自己口味的酒就好。

品酒方法：

● 看——用眼睛观察酒的颜色。一般红葡萄酒的储存年头越短酒色越深（常见的为深紫红色），年头越长颜色反而会越淡（或开始带褐色）。白葡萄酒通常是甜度越高颜色越重。

● 闻——观察完酒色，接着可以用鼻子闻酒的香气。闻之前，通常要先摇晃杯中的酒，使酒和空气充分地接触，让香气得以完全散发。

● 晃杯——拇指和食指捏住杯柱，轻轻晃起杯子。或把酒杯轻放在桌面晃杯也可。

晃杯完毕，用鼻子靠近杯子边缘，深吸一口气，去感觉杯中的酒香。除了借着不同的香气来找出和葡萄酒品种或产区有关的线索之外，还可以借着香气是否明显持久，是单纯还是复杂，是细致还是粗糙来判断酒的品质。

● 饮——通常在品酒时，建议一次多喝一些，让酒充满口腔，使味觉充分感受酒中或酸、或甜、或苦等味道，并且感受酒中或浓、或淡、或圆滑、或生涩等单宁的质感。

■ **香槟酒**

■Ⅱ **特点**

因其起源于法国的香槟地区而成名，又称"起泡酒"。口感酸甜，有水果香味。多用于庆祝、庆典仪式，也可作佐酒。

■‖ 饮用礼仪

开香槟酒时，如果想调节现场气氛，可以事先摇晃一下瓶身，再启开瓶盖，香槟酒就会喷涌而出，气氛愉快轻松。当然，如果在室内，不需要这样的气氛，就没必要摇晃了。启盖时，瓶口千万不要对着客人，小心打开即可。

■‖ 白兰地酒

■‖ 特点

酒精含量约40度，属蒸馏葡萄酒，色泽金黄。品牌有：马爹利、轩尼诗、人头马、拿破仑等。

■‖ 饮用礼仪

喝白兰地用的是专用酒杯，大肚、收口、矮脚杯，端拿时，应用右手托住杯身，用手心里的温度为其加温，待酒香味随着温度的提高越来越浓时，我们再慢慢小口品尝。

■‖ 威士忌酒

■‖ 特点

威士忌酒是一种用谷物发酵酿造而成的烈性蒸馏酒，口味浓烈，酒精含量为40度。

品牌有：英国苏格兰地区的威士忌酒、芝华士、威雀等。

■‖ 饮用礼仪

喝威士忌，有的在家自己细品，有的在各种酒吧品尝。因属烈性酒，最好加入冰块、苏打水或姜汁，味道会更好。喝此酒，要慢慢品尝。

■‖ 鸡尾酒

■‖ 特点

以各种混合酒和各种果汁、其他材料调制而成。

受女性欢迎的有：亚历山大（白兰地与鲜奶油的混合）、天使之吻（可可利口酒与鲜奶油的混合）。

受男士欢迎的有：琴基酒、威士忌酒。

■Ⅲ **饮用礼仪**

在很多场合都可以饮用鸡尾酒。最多的还是在酒吧。

酒杯的拿法

酒精成分较高的酒，应搭配冰块一起饮用，故酒杯的开口较大，也没有杯脚，如：威士忌、伏特加等。

酒精浓度较低的酒，饮用时应搭配有杯脚且形状像郁金香的杯子来凝聚酒香，才不至于让酒的香气流失掉，如：白兰地等。

葡萄酒是温度较低的酒，饮用时应搭配有脚的杯子，喝的时候要握住杯脚，不要让手心的温度破坏酒本身的美味。至于有些人在喝葡萄酒时会有轻微摇晃酒杯的动作，这是因为没有一口气喝完的酒，再经过一段时间后，酒在静态的状况下，会让酒香锁在酒内，当要饮用时，微微摇晃酒杯的时候，让酒和空气混合，就像在唤醒沉睡中的气味分子，目的在"醒酒"，让酒香活跃地散发出来。

倒酒时不需要将酒杯拿起，切忌斟满，酒瓶不可碰触到酒杯。斟完酒后，酒瓶不可放在桌上，应放在固定的位置上。

红酒杯拿法：

香槟酒杯拿法：

白兰地酒杯拿法：

■ 酒的适饮温度

　　温度与葡萄酒之间的密切关系，不仅发生在储存的时候，饮用温度也很重要。一般在品酒前，提前一个小时把酒瓶打开，让葡萄酒有所"呼吸"，味道会更好些。

　　红葡萄酒的饮用温度：15℃~18℃。

　　白葡萄酒的饮用温度：8℃~12℃（故应当加冰块）。也可以4℃~6℃，对于带甜味的更低。

　　气泡酒或香槟的饮用温度：7℃~8℃（可以冷藏）。

白兰地酒的饮用温度：18℃以上。

啤酒的饮用温度：7℃左右（冰镇但不要久冻）。

小贴士

人头马、马爹利、轩尼诗、拿破仑是酒的品牌，属白兰地酒。

"XO"是酒的级别，不是酒的品牌，表示"陈年"。

一般葡萄酒标注如下：

VO：10~12年

VSO：12~20年

VSOP：20~30年

FOV：30~50年

Napoleon：40年以上

XO：50年以上

X：70年以上

中式婚礼有着悠久的历史和独特的文化特征，喜庆吉祥、幸福美满是中式婚礼礼仪的核心。尽管随着时代的变迁，有些中式婚礼礼仪已经渐渐淡出，但保留下来的精髓依然独具魅力。

Lesson 29

第二十九堂课

中国婚礼礼仪

■ 时间、场地的挑选

中国人往往喜欢挑个吉利的日子举行婚礼，但就现在而言，节假日举行婚礼比较多，因为方便宾客有时间参加。

婚礼的地点设在饭店比较多，农村则定在自家的房屋和庭院内。现在还有很多人选在教堂里举行婚礼。

■ 邀请礼仪

拟定参加婚礼的客人名单，在中国更多是双方各办各的，男方先举行，然后女方再举办宴请。

宾客的名单一般由双方父母确定，新人双方的朋友由新人自己确定。

所邀请的客人主要有父母双方的亲属以及父母和新人的朋友。视规模大小、地理位置的远近，还要请双方的同事、领导等参加。

名单拟定好以后，应提前一两周发出去，大部分都是采用喜帖的方式。

喜帖应该挑选红色或烫金字的。内容要写上时间、地点和新郎新娘的姓名；喜帖还可以有附件，比如指示婚宴地点的交通图、宴会的示意图等。

接收到喜帖的亲友一定要及时和邀请人联系，说明自己能否参加，以便对方对宴席人数作出统计。

■ 婚礼程序

中国是个多民族国家，不同民族有不同的婚嫁习俗，这里以汉族为例，婚礼程序大致如下。

● 宣布婚礼开始。可以演奏或播放《婚礼进行曲》，条件允许还可以鸣放鞭炮。同时，在来宾的掌声和欢呼声中，新郎新娘步入现场。

● 行鞠躬礼。在司仪的主持下，新人们向双方父母或其他长辈鞠躬，然后向全体来宾鞠躬，最后双方相互鞠躬。

● 证婚人讲话。介绍新人双方恋爱的经过，并祝新人婚后幸福。

- 长辈讲话。向新人表示祝贺。
- 新人讲话。向全体来宾致谢。
- 婚宴开始。新郎新娘逐向来宾敬酒。

座次礼仪

婚宴的座次，旧时有相当严格的规定，新时期的婚宴座次不像以前那样严格，但也有适当的安排。一般要安排新郎新娘的专席或分别设专席，家长、贵宾也应该有专席。如果能在各席设座位示意牌，或有迎宾员引座，就更方便了。

父母桌

结婚新人的双方父母座次是有一定顺序的。新郎的母亲坐在新娘父亲的右边，对面是新郎的父亲，新郎父亲的右边是新娘的母亲。如果其中一位没有了伴侣，则可以由兄弟、舅舅或家族里的亲戚代表。请参加婚礼仪式的人员以及双方父母全都坐在同一桌。

嘉宾桌

在座位上提前放好座位卡，尽量让相互熟悉的朋友坐在一起用餐，这样有助于交流。有时还会在每一位客人的桌面上提前放好喜糖。

婚宴礼仪

贺礼及礼金

一般按照当地风俗习惯，参加婚宴的嘉宾都要准备贺礼及礼金。

礼金数目一定要用双数，中国人讲究"好事成双"，数目或6或8最好。当然礼金要送多少，视自己的经济情况而定。

礼金要用印有红双喜的红包装好，上面写上新娘、新郎的名字和"新婚贺喜"，下面写上某某或夫妇同贺。

■‖ 婚宴着装

新娘的服装一般是穿传统红色的旗袍、礼服。现在的年轻人都喜欢穿西式婚纱，当然要以白色为主。新郎以礼服为结婚服装。

参加婚宴的嘉宾服装，款式上挑选端庄、优雅的礼服最好。

按中国传统礼仪，在颜色的选择上，不宜穿白色，作为年轻人，男士可穿优雅的黑色、灰色正装，女性最佳的颜色可选喜庆的冰粉色、内敛的暗红色等，都会为婚礼现场增添一抹喜庆的氛围。但不能穿得赛过新娘、新郎，毕竟他们才是今天的主角。

特别提醒

参加朋友的婚礼时一定要注意的着装礼节

女性嘉宾的着装不可艳过新娘的礼服。即使在你的衣橱里有一件艳丽的漂亮小礼服，最好也不要穿这件去参加别人的婚礼。如果你的着装色彩和款式比新娘的着装还显眼，即使再漂亮再吸引别人的眼球，也只能让别人觉得你不懂礼貌，有抢新娘子的风头之意！

■‖ 迎宾

到了婚宴现场，新郎新娘一般都在入口处迎宾，应上前道贺。新郎新娘给客人发喜糖，一般都会发双数，为好事成双；如果有男嘉宾吸烟，新郎新娘会献烟，给客人点火（随着人们健康意识的增强，吸烟应该会越来越少）。

特别提醒

在婚礼上，嘉宾的言行举止一定要掌握分寸！有的嘉宾，喜酒一喝，胡言乱语，开玩笑不讲究分寸，不说吉庆话。在中国，有的地方到现在还留有"闹洞房"的风俗习惯，借用各种方式嬉闹新娘和新郎，借此祝福这对新人幸福美满。但要注意分寸，不可嬉闹过头。

■■ 席间礼仪

来宾就座时，一定要按桌面的名签入座。如果没有名签，一般和熟悉的亲友坐在一起，便于交流。在就餐过程中一定要注意有礼貌，注意就餐的姿态要优雅，不可只顾吃东西，要和两边的朋友交流。

在婚宴进行一段时间后，新人会向每一桌嘉宾敬酒。大家要起立举杯，和新人碰杯，喝一口喜酒，并祝："恭喜！"

敬酒时间每次不宜超过3分钟。在婚宴上喝酒，避免东拉西扯，不要过量饮酒，以免失礼。更不要把新郎灌醉，尽量让婚宴圆满结束。

■■ 告别礼仪

婚宴结束时，一定要向新人一一道别，并祝："幸福美满！"

婚宴的持续时间往往比较长，这时，傧相应该很好地照顾新人。来宾不必非等到宴席结束，重要的节目过后，和主人或司仪等打一声招呼，向新人道别，并祝新人"幸福美满"就可以提前退席。无论哪位来宾退席，司仪或主人都应该送行，关系密切的重要客人，新人及其家长也应送行，直到送完最后一位准备离席的客人，婚宴也就宣告结束。

小贴士

结婚周年纪念的具体名称

在每年的同一天纪念结婚的风俗起源于西方。在这一天，夫妇之间大都交换礼物，或者邀请家人和朋友共同庆祝。

每一年各有名称：

纸婚(1周年)；棉婚(2周年)；皮革婚（3周年）；丝婚（4周年）；木婚（5周年）；铁婚（6周年）；铜婚（7周年）；电器婚（8周年）；陶器婚（9周年）；锡婚（10周年）；钢婚（11周年）；麻婚（12周年）；丝带婚（花边婚，13周年）；象牙婚（14周年）；水晶婚（15周年）；瓷器婚（20周年）；银婚（25周年）；珍珠婚（30周年）；珊瑚婚（翡翠婚，35周年）；红宝石婚（40周年）；蓝宝石婚（45周年）；金婚（50周年）；绿宝石婚（翡翠婚，55周年）；钻石婚（75周年）。

如何找到你的另一半？"最好的未必最适合你，最适合你的才是最好的"，亲爱的，我们约会吧！

Lesson 30

第三十堂课

相亲礼仪

相亲，可以说是一种"礼"先于"情"的模式。

介绍人礼仪

首先，介绍人应该对男女双方各方面的情况都比较了解。一定要对双方作了分析比较，才出面介绍。

毫不知情，"乱点鸳鸯谱"的做法是不负责任的。

在介绍双方正式见面之前，介绍人应该做比较充分的准备工作。

介绍人要向双方介绍相互的情况。被介绍人在介绍自己的情况时，一定要实事求是，不可夸大事实，更不能欺骗对方。

约会礼仪

提出约会

有些人在向对方提出约会之前，没有认真考虑过时机是否成熟，场合是否适宜，就盲目地提出约会，结果碰了钉子。

要想邀约成功，就要让对方做主角。在邀约的时候把对方放在话题中心。

不过在提出约会之前，首先应考虑如果对方不答应你的邀请，你该如何下台。所以，最好把约会的时间、地点、内容都考虑周全，做一个明确的计划。跟谁一起去？去什么地方？以免对方问起详情时，你无言答对或信口胡说。

若对方有点犹豫，你不妨提出几种意见让对方来选择一下。如："你喜欢看电影还是去美术馆？""去吃火锅还是去吃西餐？"这些问题表面是给对方选择的自由，但事实上"大权"还操纵在你的手里，因为问的问题已不属于"去还是不去"而是"去哪里了"。

在什么情况下提出约会最好，这要看具体情况。有时需要两个人单独在一起时提出，比如看电影、听音乐会等。

其实，另一种办法就是请介绍人为双方安排一次约会。

当然，被介绍人双方一定要认真考虑是否愿意见面。一旦约会见面的时间定下来，最好不要轻易改时间。双方一定要本着认真的态度去见面。若临时发生了不能如期赴约的事情，要设法早些告诉对方，还应把不得已取消约会的理由说明。如果有可能，应预定下次约会的日期。

■ 精心挑选见面的地点

约会时都到哪里去，做些什么活动，这要看具体情况和条件而定。看电影当然是年轻人喜欢的一种约会方式，除此以外，还可以把约会安排在社交场合和娱乐场所。或者选择在比较安静，环境优雅，室内色彩较为明亮的地方，如：咖啡馆、公园、美术馆等，以便于交流。

与素不相识的对象约会时，要慎重地考虑对方是否可以信赖，是不是危险分子。对于约会场所也应加以考虑，从未去过的地方或不太熟悉的地方，不能随便答应去。

■ 约会的着装

双方的着装首先要展示自己的个性，体现自己的审美风格和生活的品位。不过还是要考虑一下对方的职业及品位。

相亲时，服装的款式不要太正统，也不要过于新潮。

色彩尽量选择暖色系，会展现一种积极、热情的生活态度，体现了内心世界的明亮与开阔，同时给对方一种很好的视觉享受。所以避免穿那些过于死气沉沉的暗色。女性在选择约会装时，不过于暴露、过于透视或过于舞台化。如果约会地点选在社交场合，女性可选小礼服，以裙装为主会好些。

男士的着装可根据自己的身材、年龄而定，穿得过于正式或过于随意都是对女性的一种不尊重。

■ 细节决定品位

初次约会，都希望给对方留下美好的印象。想要有一个好的开端，外表的细节很重要，因为细节之处可以看一个人的处世态度。

比如：女性的手指甲油，约会时要注意色彩与服装的整体搭配，不可过于张扬，更不可有残缺现象。

如果约会要佩戴饰品，注意全身上下不可超过三件。

丝袜不可挑丝、更不可穿得过于街头化。比如带网眼的黑色或过于艳丽的颜色，往往显得不够沉稳。

男士约会的着装细节万不可疏忽大意。比如：鞋面的干净程度、手指甲修剪的整齐度；袜子的质地与颜色的选择等，都不可马虎。往往通过细节可以看出一个人的生活品质。

■ 约会迟到的问题

如果是因为一些特殊的原因，约会迟到了不算失礼，但不应超过5分钟。但现在有很多女性，常常都会迟到很久，不管出于什么目的，是为了考验对方也好，或是想表达一种矜持也好，都是不可取的，更不会为你提升任何魅力分值。

■ 约会的交流

初次约会，双方都有可能感到有些拘谨和不自然，但是，约会的紧张气氛是会随着交谈和双方的情趣相投而渐渐缓和的。

- 可以互相询问一下个人的爱好、谈谈工作的情况、家庭情况。
- 如果在约会时，对方不是你喜欢的类型，也不能表现出反感的样子。一定要懂得尊重对方。更不能见一面，立刻告辞离开，这都是很失礼的。
- 在交流时，微笑是最简单又最温暖的表白。约会时常保持真诚、迷人、开怀的微笑，表示"我喜欢你，你使我快乐，我很高兴见到你"。即使沉默寡言，态度拘谨保守，仍然能吸引人。如果你滔滔不绝地说话，而对面的人却面无表情，你肯定会失望，有可能对方对你没有好感。
- 身体语言很重要。不要因为紧张而显得太僵硬，身体姿态也不要显得太随意。自然、稳重就好，不必太刻意。
- 交流时，眼神的效应大有作为。说话时，自然、大方地看着对方的社交注视区域（对方嘴唇至双眼的位置）是合适的，从对方的角度来看，你传递的是坦然和真诚。

双方初次见面时，不可上下打量对方，更不可长时间看着对方的额头说话，这会让整个约会的气氛变得严肃，让对方感到不自在。

- 约会中，男方一定要懂得关心、体贴、照顾女方。比如就餐时为女方拉

座椅，出门时为女方开门等，提供一些让对方觉得能够接受的照顾。

■ 约会后要及时表态

一两次见面以后，男女双方就可以把关系的进展情况和介绍人谈谈，并表明自己对关系发展的意见。

如果双方谈得来，就可以确定恋爱关系，继续交往下去。如果觉得没有继续交往的必要，可以婉言拒绝，并请介绍人转告对方。

不同意交往的一方，也没有必要把对方的缺点或自己不喜欢的地方全部告诉介绍人，更不能恶意攻击。

有礼走遍天下，无礼寸步难行。礼仪好的人不管走到哪里都会受到欢迎，尤其是在公共场合，每个人更应该遵守公共秩序，依循公共道德，才不至于给他人造成困扰，给自己带来不必要的麻烦。

Lesson 31

第三十一堂课

公共礼仪

◼◼◼ 乘机礼仪

现代生活节奏快，人们出差、旅行选择乘坐飞机的越来越多，我们更要遵守有关的乘机礼仪。

◼◼ 乘机前的准备

◼◼ 提前出发

出行前要再次确定起飞的时间、航班号及几号候机楼。乘机要提前2个小时出发，尤其是在交通最容易拥堵的城市，提前是没有错的，以免迟到、误机。

◼◼ 行李的准备

出行时，我们常常看到，有些人手里提很多大大小小的塑料袋、纸袋。看似方便，却很不得体。最好用一个大的行李箱，把行李归置好放进去。

小贴士

行李的大小，机场是有规定的

随身携带的行李——持头等舱的旅客，每人可随身携带两件物品，持公务舱、经济舱票的旅客，每人只能随身携带一件物品。每件物品总重量不得超过5千克，其大小限制在长55厘米、宽40厘米、高20厘米之内。否则不准带入机舱。

免费托运的行李——头等舱免费额为40千克；公务舱30千克；经济舱20千克。行李最好托运，这样省力、省心。

托运行李的规格——交付托运行李，每件重量不得超过50千克。大小限制在长100厘米、宽60厘米、高40厘米。行李要包装好，捆扎好，封闭严实，并能承受一定压力。

禁止托运的物品——国家禁运品，易燃易爆危险品，有异味、容易污染的物品，易碎、易腐蚀物品，枪支弹药，刀具，利器，带磁性的物品，等等。

■|| 换取登机牌礼仪

换取登机牌时，一定要向工作人员出示机票、身份证或其他有效证件等。

应当牢记的是，切勿使用假证件或过期的身份证。同时可以根据本人的实际情况和座位的剩余情况，选择一个自己喜欢的座位。在要求具体座位时，应诚恳、客气，切勿胡搅蛮缠，不能要求过高，更不要得寸进尺。

■|| 接受安检

在排队等候的时候，不要越过黄线。在检查之前，应配合工作人员取出身上全部的物品，以保证检查的顺利进行。

接受检查是为了我们乘机的安全，所以必须主动、全力配合。有时也会出现一些乘客不配合，态度粗暴，接受检查时表现出不耐烦的情绪，甚至对安检人员恶语相向，冷嘲热讽。这是不礼貌的。

▨|| 客舱礼仪

■|| 不侵占别人的座位

进入客舱，按号入座，把行李放进行李箱内或座位下，切不可放把行李放在客舱通道。

不把脚延伸到别人的座位下，影响别人的就座。

■|| 不乱摸乱动

客舱内有的按钮、物品是不可以触动的。比如紧急

出口处标有红色标志的按钮不要乱动乱摸乱按。

紧急出口处的座位是用于逃生的救命出口，所以禁止放置任何妨碍通行的物品。同时，老弱病残孕，甚至有的国家规定不会说英文的乘客都不准坐在紧急出口处，以免一旦发生意外，无法协助乘务员帮助别人，还可能妨碍其他乘客逃生，耽误逃生的时间。

■‖ 不要占小便宜

客舱内的书刊杂志、座位底下的救生衣、进餐用的刀叉、杯子、小毛毯、听音乐的耳麦等，都不可以拿走。

■‖ 不可使用禁用物品

比如飞机起飞，不能打开手机、手提电脑、调频收音机、电子遥控玩具等，因为这些会干扰驾驶舱内的飞行信号，危害到我们的生命安全。

■‖ 不要破坏环境卫生

在客舱内，不可随意脱鞋、袜，造成"异味"，男士更不能脱去衣服，敞衣露肚，赤膊上身，影响周围的乘客。不可随地丢垃圾、吐痰，在你前面沙发座椅靠背的口袋里，备有清洁袋，需要时请使用它。使用完洗手间，别忘了冲水，洗完手后，请把洗手台擦拭干净。

■‖ 使用洗手间

将门关闭上锁，灯会自动点亮。使用后，一定要按水冲洗。

■‖ **不要高谈阔论**

在飞机上，谈话的内容不要涉及撞机、坠机等相关天灾人祸的恐怖事件，更不可在夜航期间谈笑风生，不顾及其他乘客的感受。

■‖ **就餐**

就餐时，一定要把座椅靠背调直，以免影响后面的乘客。

■‖ **体谅乘务员的难处**

在飞机上，不能提出一些过分的要求，如点餐时，非要吃飞机上没有的食物，提出乘务员无法满足的服务，对食物、服务态度东挑西拣等。大家都知道，客舱空间有限、承重有限，不可能什么都能满足。

如遇到飞机晚点，不要把气撒在乘务员身上，甚至动不动就拒绝下机等。这种做法只会让别人觉得你在变相炫耀自己的尊贵，贬低乘务员的身份和地位，恰恰显现的是你的修养缺失。

所以要体谅乘务员的难处，对乘务员送来的饮料，食物，报刊或是协助你搬行李，都要主动及时地表示感谢。

乘火车礼仪

■‖ **候车礼仪**

在进入候车室时，如遇安检，要全力配合。

把行李全部放在检测仪上，完毕后，别忘了把自己的行李拿好，不要遗漏物品。

在候车室内，一人一座，切不可一人占多座，更不可躺在座椅上休息，这样做很不雅观。行李放在走廊一侧，不要放在中间，影响通行。

在候车室内，吃完的食物残渣、用过的纸屑，不要随地丢弃，应放入垃圾桶内。并且要进行垃圾分类处理。

检票时，养成排队的习惯，不要拥挤。要配合工作人员检票。

车厢礼仪

进入车厢，对号入座，不要占位，不要越席。一般火车的座次是"靠窗为上"，卧铺是"靠下为上"，面对老弱病残孕乘客，我们要懂得礼让。

在车内，不要随意脱鞋、袜，男士不可随意脱上衣，赤膊上身，造成周围乘客的不适。

不可把行李堆放在走道、座位附近，以免妨碍其他旅客的行动。

在乘坐火车时，行李放好，并且要把贵重财物随身分开存放，不宜佩戴贵重珠宝。

在车内要慎选话题。不谈耸人听闻、恐怖的事情，不聊车祸、空难、死亡等有关话题，给人造成恐怖的氛围。

如遇休息时间，旅客之间的交谈应降低说话的音量，以免打扰到其他乘客的休息。

对于陌生对象，不轻易说出自己的个人信息，也不要去打探别人的隐私。

乘公交车礼仪

面对拥堵的交通系统，面对与日俱增的空气污染，提倡绿色出行，公交车恐怕是便捷交通之一。

在公交车站候车，一定要懂得排队

很多外国朋友到中国来，最适应不了的就是，中国人不爱排队，好拥挤。

在北京，每个月的11日定为排队日，体现了我们对排队有了强烈的意识。

有的公交车站还设有坐席和立席，次序就更好了。

不逃票

乘坐公交车应自觉刷卡，不可逃票，更不可投假币。

■ 尊老爱幼

这是中国人的传统美德。在生活当中，在公交车上，现在有很多年轻人懂得尊老爱幼，把座位让给老年人和小朋友。不可一人占多座，更不可为了抢座大打出手。

■ 互相谦让

公交车上因为人很多，尤其是上下班高峰期，乘客之间相互拥挤是避免不了的，要做到相互谦让，相互谅解，不可相互辱骂，得理不饶人。

■ 尊重乘务人员

不可提出超出乘务员无法满足的要求。

比如要求司机不进站就随时停车，或把大件行李直接放在上下车门口，给上下车的其他乘客带来不便。

■ 保持车内卫生

在公交车上，因为距离他人很近，不要在车内抽烟、吃东西，不能乱丢垃圾，更不可随意脱鞋、袜。

如需携带有异味的、容易污染的物品上车，应当事先将物品包装好。

■ 不可大声喧哗

在公交车上接听电话的声音要轻，不可大声随意与电话的那头公事、私事大聊特聊。

■ 不干扰司机开车

不与开车的司机攀谈、长聊，不干扰司机开车。

■ 乘地铁礼仪

地铁，作为现代生活的主要交通工具，毋庸置疑，已经是我们现在出行的首选。地铁里人们的言行举止，就是一个国家国民素质的一个缩影。

乘地铁时，经常能看到一些乘客通过安检时，拒绝把行李物品放在检测器内检测，这种不配合工作人员的行为，是一种对大家的安全不负责任的表现。

乘坐地铁应按照提示排队。在站台候车时，请站在两侧的箭头内侧指示区，中间的箭头指示区，留给下站的乘客。这样井然有序，更能节约时间。

乘车时，应该让下车的旅客先下来，上车的乘客再依次排队上车。

上下班高峰期，乘客很多，通道窄的地方，切不可故意拥挤，一定要按顺序行走，否则，很容易发生危险。

经常看到许多人因为赶时间，不断往车上挤，所以车门的警示铃响了，车门都关不上了，还有人不顾一切地跳上车，这样做很危险。如果真的赶时间，最好的办法就是提早出门。

在地铁内，因为空间比较窄，乘客之间的间距很近的缘故，禁止在车厢内饮食。

乘地铁时，坐姿要规范，不可把脚伸到过道，影响他人通过。特别提醒穿超短裙坐地铁的女性，入座时，一定要注意坐姿的规范性。两腿要收拢、并紧，如果裙子太短，可以把手袋放在腿上稍作遮挡，否则是很失礼的。

乘坐地铁不能旁若无人地随意脱鞋、袜；不能制造垃圾，更不能把垃圾丢在车厢内。

不可一人占多席，更不可随意躺在座位上。不可大声在地铁里接打电话。

以上行为影响到其他乘客，是对
其他乘客的不尊重，应当避免。

面对老弱病残孕乘客，我们要主
动让座。

女性不要在地铁内当众化妆，情
侣应避免在公众场合当众拥吻。

开车礼仪

大城市的交通拥堵现象较为常见，记得中央电视台做过一期节目，就此事调
研、采访过交警。交警道出了造成拥堵的原因，其中之一就是，大部分司机的不
文明开车行为导致交通拥堵。比如较为严重的行为有不按交通线路行驶，随意超
车、任意并线，导致相互剐蹭后大家互不相让，谁也不愿意把车开到旁边再解决
问题，从而导致后面的车辆发生连锁反应，造成大面积拥堵。

所以，大家要树立交通安全意识，文明开车，为交通畅通出一份力，做一个
有礼貌的好司机。

● 喝酒不开车，开车不喝酒。

喝完酒开车，是对自己和他人都不负责任的行为。所以开车千万不要喝酒。
同时在心情很差的时候，精神注意力不集中时，也尽量避免开车。开车时接打电
话，这也是很危险的举动。为了自己和他人的安全，大家要自觉遵守。

● 按交通线行驶。

不违规操作，不强行超车，不来回并道，若要转向，一定要打开转向灯，否
则会影响后面开车司机的判断，发生危险。

● 不准穿拖鞋驾驶车辆。

● 行车要懂得礼让。

老司机不欺负新司机，本地司机不欺负外地司机。遇到红灯不闯灯、在人行
横道行驶礼让行人，不与行人抢行。

● 开车要视道路具体情况行车。

如遇到雨水，泥泞道路，一定要减速行驶，避免雨水污泥溅到路人身上。

- 夜间行驶一定要开夜行灯，注意力要集中。
- 切勿疲劳驾驶。

乘电梯礼仪

乘扶梯礼仪

先来先上

在乘扶梯时，通道较窄，不能拥挤，要按顺序乘梯。

注意安全

不要在电梯上相互打闹，这不仅干扰到前后的乘客，而且很危险；站在电梯上时，正面要朝向电梯移动方向。

主动用手扶好扶梯，一旦发生意外，能起到保护自己的作用。

"靠右侧站立"

电扶梯上的中间部分通常会有一条黄线，行人应站在黄线右边，要是有紧急的事情发生，把左侧通道让给有急事的人先行。如果两人以上同行，尽量不要并排站立，以免将整个走道堵住，使有急事的乘客无法通行。

乘升降梯礼仪

不要拥挤

先来先进入，电梯门打开，不可互拥而入，造成拥挤。

先进后出

如果电梯内没有专人管理，先进入的乘客要负责控制电梯门，以便后者进入，更不可挡在电梯门口站立。后出者也应该负责电梯按钮。

■Ⅱ **电梯不可超负荷载人，不可一拥而进**

明明看到搭乘的人已经很多了，还非得挤进去，这样做很容易造成电梯发生故障。

■Ⅱ **长幼有序**

基本上，出于尊重与爱护之情，均是以老、弱、病、残、孕、孺为优先，因此被礼让的人可以大方地接受，当然要记得向对方致谢。

■Ⅱ **女士优先**

依照国际礼仪来说，在公共场合，男士应礼让女士。所以在进入电梯时，男士应该为女士按电梯门、按按钮，让女士先进入。因此被礼让的女士不要太过于谦虚，或是进入顺序太过于计较而迟迟不肯进入电梯，如此一来，往往会造成其他乘客的困扰，这时候你应该大方接受对方的礼让，快步进入电梯，否则在电梯门口僵持不下，除了浪费其他乘客的时间，也可能因此让对方尴尬不已。

■Ⅱ **进入电梯内，应该面向电梯门站立**

因为轿厢内的空间密闭狭窄，进入电梯内，应面向电梯门站立。不可东张西望或大声说话，这些都是非常不礼貌的行为。

▌剧院礼仪

去剧院看电影、戏剧或其他演出时，以下的礼仪必须遵守。

■Ⅱ **提前购票**

在正式的剧院，必须提前购票。比如陪同别人观看节目，更要注意这一点。不可以无票混进剧院，或买假票。

■Ⅱ **不迟到**

很多剧院都有规定：开演后，禁止观众入场；中场休息时，迟到者才可入场。目的是不影响别的观众观看节目。

■▮ 对号入座

剧院都是要求对号入座，每一名观众都要自觉遵守这条规定。不占他人的座位。

■▮ 保持安静

观看电影、戏剧、演出等，一定要保持安静，不可大声讨论或接打电话，进入剧院的第一件事就是把手机铃声调成振动或静音。更不能边吃零食边欣赏节目。

■▮ 不准拍照

有的剧院对此有明确规定，观众应当自觉配合。因为这一行为涉及版权的问题。

■▮ 不能随意走动

如果没什么特殊的事情，观看期间不可来回走动。

■▮ 管理好情绪

不管节目如何，都应该保持好自己的情绪。不要大呼小叫、吹口哨等。

■▮ 不可提前退场

演员还在演出，你就提前退场，无论你对节目感不感兴趣，一定要懂得尊重他人。等演员出来谢幕退场了，我们才可退场。

■ 网球礼仪

网球、保龄球、高尔夫球并称为"绅士运动三大球"。很多朋友在打网球时，不仅锻炼了身体，同时借此机会拓展着自己的社交网络。

作为一项绅士运动，打网球时的礼仪规则有很多。

■ 一定要养成预定场地的习惯

正规的网球场，都是需要提前预订场地的。在预定时，要说明过去打球的时间。如果没有预定，你和你的打球伙伴临时去，恐怕很难有场地，临时再找场地的行为很不礼貌。

■ 穿正规网球服进入球场

男士的网球衣为白色T恤、短裤；女性则是打网球的白色连衣裙。同时要配上专用网球鞋。

■ 礼貌打球

球场上打赢了，不可脱衣乱舞，欢呼雀跃。失球了也不可对对方出言不逊。最后，不管多少分值，要以微笑握手的方式向对手致敬。如果球打出了界，有人帮助你捡了球，一定要表示感谢。

■ 观看网球比赛

很正规的网球比赛，观赛者要穿正规的服装，不可穿得太随意。要提前入场，一定要对号入座。

比赛期间不可随意走动，更不能在看台大吃大喝，制造垃圾。观看过程中，不论比赛双方谁输谁赢，不可随意鼓掌或喝倒彩，不要大声说话。

小贴士

在许多地方参观时，为什么不允许拍照或携带食物进场

因为无论是文物或是现代作品，在展出时，为了保护这些艺术品，通常会控制展室内的温度、湿度和光线等，所以如果闪光灯一直闪个不停，对作品会产生影响；而食品的油渍、气味等，对作品也会产生威胁；此外还有知识产权的问题，所以未经创作者本人或艺术中心的同意，任意拍照或使用都是不合法的。

在动物园里也不能拍照，因为动物容易受到惊吓。

无论去哪里，都应该树立良好的形象，所以有些礼仪你不可不知！要想当一个高水准的消费者，出国前最好先做好预习。

Lesson 32

第三十二堂课

出差礼仪

■ 出差（出国）前的准备

出国前，把所有的证件一样不落地归置好。建议把所有出国要用到的证件，一样多复印几份，然后分别放置在不同的行李包里，这样做的目的是以防万一。如果在国外一旦丢失其中一件行李，什么证件都没有，是很麻烦的。

出关时，要尊重别国的海关规定。

■ 出国需要遵守的礼仪

■ 女士优先

女士优先是指在社交场合，每一位男士有责任和义务主动自觉地以自己的实际行动去尊重女性，关心女性，照顾女性，体谅女性，保护女性，并想方设法、尽心尽力地为每一位女性排忧解难。

在中国的古代、阿拉伯国家、东南亚国家等，传统礼仪文化中，只有"男士优先"，女子不曾受到这种礼遇，更不会讲究"女士优先"。

■ 讲究"女士优先"，一定要分清对象

对于东亚地区的女子，有些事情不可以照顾，比如为女士宽衣，欧美女性很容易接受，而东亚地区的女子对男士的这一举动会感到尴尬。

■ 时时处处尊重女性

如今，男士尊重女性，已经成为我们身边男士们共同要遵循的礼仪规则。

与女士并列行走时，让女士走在马路内侧。

进、出门礼让女士先行，男士有责任为女士开门。

在社交场合，男士照顾女士，女士先入座、离席，男士主动为女士拉座位。

行握手礼时，女士先伸手，男士才与之相握。

■ 注意环境的保护

环境保护已经成为全世界人们的责任和义务。尤其是在国外，如果有人对环境保护不重视，或任意去破坏环境，会被视为是一种缺乏教养的行为，有可能会

遭到"歧视"的待遇！

■‖ 不可毁坏树木

中国有种现象较为普遍，无论多漂亮的花卉、树木，喜欢就随手去采摘。请改掉这个习惯吧。更不要在墙上、树上、建筑物上乱刻乱画。

■‖ 不可随意乱扔垃圾

无论走到哪里，请把手里的垃圾扔在垃圾桶内，不可随意往地上扔。

■‖ 不可随地吐痰

有的人习惯随地吐痰，这在国外是不可思议的事。如果想要吐痰，请吐在纸巾上，再扔进垃圾桶内。

■‖ 忌讳在公共场合大声说话

无论你来自哪里，说话的音量要分清场合、地点，在公共场合不可大声喧哗，这是对每个人提出的要求，更是衡量一个人的修养的标志。

■‖ 以右为尊的原则

中国传统礼仪中，是"以左为尊"，而西方，按国际惯例，是"以右为尊"。我们在国外参加社交、商务活动，都要按此原则行事。

具体运用如下：

● 并排站立时。主人会主动居左，客人具右；男士居左，女士居右；晚辈居左，长辈居右。

● 宴会的座次排列。客人与主人按照"以右为尊"的原则来排列。

● 会议位次安排。主席台上的位次排列，讲究"以右为尊"；发言人的讲台放在主席台的右侧前方，这被视为给发言者的一种礼遇。

■‖ 体现不卑不亢的态度

对每一位出国旅行或出差的旅客，只要到了国外，一定要记住，在外国人眼里，你的一言一行代表的不仅仅是你自己，会跟自己国家的礼仪素养联系在一起。因为文化的差异，导致我们中国人讲究含蓄、谦恭、深沉的礼仪风范；而西方的礼仪展示的是大方、直率，所以在人际交往中，双方在理解上就会产生"碰撞"。只要我们了解差异，交流就不会有障碍。

在待人接物方面，一定要真诚、坦率，既不过于谦恭、低三下四，也不对人吹嘘、夸张，在国外，我们要时刻塑造个人的礼仪素养，同时更要维护我们国家的形象。

■▌入住酒店礼仪

对公司的工作人员，出差入住酒店是再普通不过的事。入住国内、国外的酒店，都要注意礼仪规范。

入住酒店时，对所有协助、帮助您入住酒店的服务生一定要表示感谢，不能视为理所当然。比如：门童帮您打开车门、协助您提行李；迎宾人员热情的欢迎；前台服务人员快捷、热情的接待；行李员把行李送达到房间；客房服务人员清扫完房间后请付一定的小费。

在入住酒店期间，对室内的一切不能破坏。比如不能在房间内吸烟，更不能"顺手牵羊"，把公用物品带走。

进入室内，最好先看一下客人须知。酒店内冰箱里的酒水、饮料收费很贵。甚至有的还用红外线电脑管理，食品一旦动过地方，就会自动记账。

现在为了环保，许多国外的酒店内是不提供拖鞋、牙具的，要事先带好。

不可随意穿着睡衣、拖鞋出入酒店的大堂、走廊。

■▌有关小费的问题

在中国消费者的概念里，如果要向服务生表示感谢，说声"谢谢"就可以了。但是在国外，给服务生一定额度的小费是对他服务工作的肯定。所以我们很多朋友出国的时候，不要疏忽小费的问题，也不要给得很不情愿。别忘了，一定要入乡随俗！

■▌什么样的服务给付小费

包括酒店门童、行李员、客房服务员、餐厅服务员、引领员、卫生间保洁员、停车管理员、出租司机、衣帽间服务生、导游给你提供服务时，都要给适当的小费。

● 如果按消费比例来给。

在酒店住宿，小费已经打入账单，是总消费额的10%~15%；

在餐厅就餐，小费是总消费额的5%~20%。

在酒吧，小费是总消费额的15%。

● 如果按定额来给。

酒店门童，小费可以是1美元左右。

客房服务员，小费可以是1~2美元。

机场、港口的行李员，小费根据行李件数给付，一件给付0.5~1美元。

存车员应付1美元。

引领员小费应付0.5~1美元。

衣帽间服务员小费应付1美元。

▰▐ 外出购物

很多国家的商店在星期天是不营业的，这一点需要注意。

在购物时，对贵重、易碎物品，不要乱摸乱动。

对包装好的商品，不要轻易拆开。在购物时要注意附加税的问题，是商品标价之外的费用。

有的商店是免税店，出示护照就能办理免税手续。

一定要懂得控制数量，因为在出入海关时，对于携带的物品数量是有规定的。如果数量超标，还要追加关税或者禁止带出。

小贴士

部分航空公司代码

中国国际航空：CA	国泰航空：CX	美国联合航空：UA
中国东方航空：MU	澳门航空：NX	加拿大航空：CP
中国南方航空：CZ	日本航空：JL	法国航空：AF
海南航空：HU	新加坡航空：SQ	德国汉莎航空：LH
深圳航空：ZH	马来西亚航空：MH	卢森堡航空：CV
山东航空：SC	泰国航空：TG	新西兰航空：NZ
上海航空：FM	菲律宾航空：PR	瑞士航空：SR
厦门航空：MF	美国航空：AA	澳洲航空：QF
港龙航空：KA	美国西北航空：NW	澳洲安捷航空：AN

国际商贸、环球畅游，做一个"国际自由人"的生活方式越来越普遍。出发前应先了解异国的风俗、文化、宗教信仰等，展示出一个更国际化的中国人！

Lesson 33

第三十三堂课

习俗礼仪

■ 新加坡礼俗

新加坡以"花园城市"享誉世界，"新加坡"三个字就是"狮子城"的意思。新加坡人口大部分是华人，其次是马来西亚人和印度人。

■ 宗教信仰

主要信仰佛教、道教、伊斯兰教、基督教和印度教。

■ 节日

华人过春节差不多跟中国一样，有守岁、祭神拜祖、放鞭炮、给小孩压岁钱等习俗。

■ 饮食

主食有米饭、包子。下午常吃点心，晚餐偏爱广东菜。

■ 礼节

新加坡人很讲究礼貌，服务质量很高。华裔新加坡人见面鞠躬、握手；印度血统的人见面行合十礼。

新加坡人不太喜欢紫色、黑色，视为不吉利色。

与新加坡人谈话，忌谈宗教、政治问题。

数字上忌讳4、7、8、13、37、69。

在新加坡，不能随意抽烟、随地吐痰、扔垃圾等，否则要罚款。

■ 美国礼俗

美国是一个多民族国家，美国人民性格开朗、大方、不拘小节，讲究实际、直言不讳。

■ 宗教信仰

主要信奉基督教、天主教、犹太教等。

■ 节日

每年的7月4日为国庆节日，又称"独立日"；12月25日圣诞节非常受重视，犹如中国过春节；11月的第4个星期四是感恩节；每年5月的第2个星期日为母亲节；6月的第3个星期日为父亲节；4月1日年轻人还过愚人节。此外还有植树节、复活节、情人节等。

■ 饮食

喜欢吃清淡新鲜的食物，不喜欢油腻；偏爱咸中带甜的食品。

各种海味、蔬菜比较受青睐；也爱吃中国的川菜、粤菜，还喜欢吃中国北方的甜面酱、南方的海鲜酱等。快餐是美国饮食典型的文化。鸡、鸭、鱼要去骨才能做菜。

美国人不喜欢吃奇形怪状的食物，如鸡爪、海参。不爱吃动物内脏，不爱吃肥肉、红烧和蒸的食物。菜的主要特点就是生、冷、淡。

美国人一般不太爱喝茶，喜欢喝冰水、可乐、啤酒和咖啡。

■ 禁忌

对13最为忌讳，忌讳星期五，666这些数字。

讨厌蝙蝠，认为是凶神恶煞的象征。

忌讳穿睡衣出门或会客，认为这是很不礼貌的行为。

美国人十分重视隐私权，忌讳别人打探个人私事。

他们不喜欢别人不礼貌地打断他们的讲话。

美国人忌讳在人际交往中送厚礼，会被看成别有所图。

■ 法国礼俗

法国位于欧洲大陆西部，旅游资源很丰富。

■ 宗教信仰

大多数人信奉天主教。

■■ 节日

7月14日为国庆节；11月11日为停战节；11月1日为万灵节，祭奠先人及为国捐躯者。

■■ 饮食

早餐喜欢吃面包、喝牛奶、咖啡；午餐喜欢吃炖鸡、炖牛肉、焖虾、炖鱼等；晚餐也很丰盛。

不喜欢吃辣味的食品，爱吃冷盘；喜欢吃蔬菜，但一定要新鲜。

法国人喜欢做菜用酒，肉类烧得不太熟。喜欢吃牡蛎；家常菜常有牛排、土豆丝；鹅肝是法国名贵菜；他们不爱吃没有鳞片的鱼类，非常爱吃水果。

法国人每天都离不开奶酪，有"奶酪之国"的美誉。

■■ 礼节

和法国人交谈不要拐弯抹角，也不要打听对方的隐私。

忌讳墨绿色，因为纳粹军服是墨绿色。

忌讳13，有的电梯按钮就没有13，会用12B、14A代替。

不喜欢仙鹤，认为是蠢汉和放荡女性的代表。

不喜欢黄色的花。

■ 新西兰礼俗

新西兰人主要讲英语和毛利语。经济上以农牧业为主，生产肉类、奶油、乳酪和羊毛。

■■ 宗教信仰

大多数人信奉基督教和天主教。

■■ 节日

国庆日为2月6日；新年为1月1日；复活节为4月14—17日；6月5日是女王诞辰日等。

■ 饮食

新西兰以米饭为主，口味喜欢清淡，平时以炒、煎、烤、炸方式做菜；传统菜有番茄牛肉、脆皮鸡、烤肉等；特别爱吃水果。

喜欢吃西餐，爱喝啤酒。同时也特别爱喝茶，每天都会有喝茶的时间，分早茶、早餐茶、午餐茶、午后茶、晚餐茶等。

■ 礼节

与新西兰人交谈，不要和澳大利亚混为一谈。

忌谈政治、私人性问题。

同新西兰人见面行握手礼就好。

■ 埃及礼俗

埃及跨亚、非两洲，但大部分位于非洲。

■ 宗教信仰

以伊斯兰教为国教，信徒主要为逊尼派。

■ 节日

国庆节为7月23日。每年4月的"闻风节"是埃及最古老、传统的节日。

■ 饮食

主食是面饼，爱吃豌豆、洋葱、茄子、西红柿、土豆等蔬菜。忌饮酒。不吃猪肉、海鲜及奇形怪状的食物。

■ 礼节

喜欢数字5和7，认为5是个吉利数，7是个让人崇拜的数字。

进入寺庙要记得脱鞋。

忌用左手接递物品。

女子蒙面纱，较少出去活动。男子不要轻易去和女子打招呼，这被认为很没礼貌。

忌讳蓝色、黄色。